GUÍA DEL PARTICIPANTE

yo soy n

GUÍA DEL PARTICIPANTE

la voz de los mártires

yo soy n

GUÍA DEL PARTICIPANTE YO SOY N

Todos los derechos reservados. Excepto por algunos breves fragmentos usados con fines de consulta, ninguna parte de este libro puede ser reproducida o utilizada de alguna forma sin tener un permiso escrito por de parte del editor.

Las páginas web recomendadas a lo largo de este libro son sugeridas como un recurso para usted.

A menos que se indique lo contrario, todos los textos de las Escrituras fueron tomadas de la Biblia versión Reina Valera 1960. Sociedades Bíblicas en América Latina © renovado 1988 Sociedades Bíblicas Unidas. Utilizado con permiso.

Los detalles en algunas historias fueron modificados para proteger la identidad de las personas involucradas. Sociedades Bíblicas en América Latina © renovado 1988 Sociedades Bíblicas Unidas. Utilizado con permiso.

ISBN 978-0-88264-153-9

2016 La Voz de los Mártires, Inc.
Impreso en China
Primera Edición (en inglés) 2016

3 4 5 6 7 8 9 10

050316

Acordaos de los presos, como si estuvierais presos juntamente con ellos; y de los maltratados, como que también vosotros mismos estáis en el cuerpo.

Hebreos 13:3

Contenido

Antes de empezar este estudio   9

Sesión 1   13
Sacrificio

Sesión 2   29
Valentía

Sesión 3   49
Gozo

Sesión 4   63
Perseverancia

Sesión 5   83
Perdón

Sesión 6   103
Fidelidad

Oración de compromiso Yo soy n   129

Antes de comenzar este estudio

Cuando los militantes del Estado Islámico (ISIS) se mudaron al norte de Irak, comenzaron a identificar las propiedades de personas cristianas pintando la letra árabe ن (nun) o "n" en casas, negocios e iglesias. Esta única letra transmitía la poderosa acusación de que los ocupantes eran personas que seguían a Jesús de Nazaret y no seguían el islam. Ser etiquetado como "n" en una comunidad dominada por extremistas musulmanes es una identidad que cambia la vida.

Cualquier persona que haga un compromiso de fe con Jesús, cualquier persona que elija ser "n", paga un precio muy alto. Sin previo aviso, algunos cristianos han sido sacados de sus hogares y negocios a manos de militantes armados, y nunca más han sido vistos. Los pastores han sido decapitados. Los adolescentes han sido obligados a prestar servicio a ISIS o han sido violados, golpeados, mutilados y abandonados hasta morir. Incluso niños que no renunciaron a Jesús han sido fusilados. Una vez que son identificados, los cristianos que se niegan a convertirse al islam deben pagar un impuesto excesivamente alto, dejar todo atrás y huir, o morir.

Desde el 2003, la persecución para quienes se niegan a renunciar a Jesús y a la Biblia ha obligado a más de un millón de cristianos iraquíes a huir de sus hogares. Muchos de estos sobrevivientes han escapado solamente con la ropa que llevan puesta. A menudo, los combatientes de ISIS en los puestos de control a lo largo de sus rutas de escape han confiscado sus bienes materiales, dinero, identificaciones, pasaportes, alimentos y el agua que los cristianos habían logrado llevar con ellos. En algunos casos, ellos retienen a algunos miembros de sus familias, incluso niños.

Estos sobrevivientes cristianos ahora se encuentran en la frágil seguridad de los campos de refugiados dispersos en "espacios seguros provisionales" en ciudades y áreas rurales de Irak, Turquía, Líbano y Jordania. Ellos confían diariamente en que Dios proveerá su alimento, techo y seguridad porque no tienen dinero, opciones de trabajo ni algún otro lugar a dónde puedan ir. Y es aún más desafiante saber que su situación no es temporal. No hay manera de que sus circunstancias en esta tierra vuelvan a ser "normales".

Sin embargo, su valeroso y firme compromiso con Dios frente a la persecución proporciona una imagen poderosa de lo que significa ser "n". Su disposición a sacrificar todo lo que tienen en este mundo para cumplir el llamado de Dios de obedecerlo y servirlo es inspiradora. Como los héroes de la fe, cuyas historias leemos en la Biblia, y como lo vemos en el registro de la historia de la Iglesia, ellos viven las palabras de Pablo en Filipenses 1:21: "Para mí el vivir es Cristo, y el morir es ganancia".

A través de esta serie de estudios, queremos que conozcas a algunos de tus hermanos y hermanas que están siendo perseguidos por su fe cristiana. Te invitamos a que mires profundamente a sus ojos y te permitas compartir su experiencia de fe como la viven en su mundo. No será fácil. Las circunstancias a las que se enfrentan realmente

Antes de comenzar este estudio

son aterradoras. Las experiencias que soportan son profundamente dolorosas. Sus historias no son fáciles de "apagar" y olvidar, y no deberían serlo. Cada uno de los que seguimos a Jesús compartimos una identidad con estas personas perseguidas porque somos miembros de la familia global de Jesucristo. Sus historias importan porque sus historias son también nuestras historias. Siendo la familia de Jesús en la tierra, somos atraídos a abrazar a nuestros hermanos y hermanas que sufren, y a permanecer juntos, ministrándonos unos a otros, mientras buscamos ser instrumentos de la gracia de Dios en un mundo desesperadamente necesitado y herido.

Nuestro objetivo en esta serie de estudios no es provocar lástima hacia los seguidores de Jesús que son perseguidos en los países musulmanes hostiles. Este estudio tampoco pretende estimular el odio hacia los musulmanes. Dios está haciendo una obra poderosa en medio del caos y la maldad y actualmente está causando mucha agitación en el mundo musulmán y más allá. Muchos seguidores de Jesús ven en sus vecinos musulmanes un hambre profunda de saber la verdad acerca de Jesús y la Biblia. En respuesta, ellos están ansiosos por acercarse a los musulmanes espiritualmente hambrientos, y compartir el amor y la verdad de Jesús, incluso si al hacerlo provocan que ellos mismos o sus seres queridos sean golpeados, torturados o asesinados.

Nuestra intención con este estudio es básicamente compartir las historias de cristianos perseguidos para que usted los apoye, los cuide, los anime y ore por ellos. No nos arriesgaremos a dejarlos solos o a permitir que sufran en silencio. Nuestro deseo es que los cristianos de todo el mundo identifiquen a estos seguidores de Jesús que son perseguidos como parte de la familia de Dios y que los abracen en esa unidad íntima: "Acordaos de los presos, como si estuvierais presos juntamente con ellos; y de los maltratados, como que también vosotros mismos estáis en el cuerpo" *(*Hebreos 13:3*).*

La Voz de los Mártires

Sesión 1

Sacrificio

Y decía a todos: "Si alguno quiere venir en pos de mí, niéguese a sí mismo, tome su cruz cada día, y sígame".

Lucas 9:23

Inicio de sesión

El sacrificio no es ajeno a los corazones y las mentes de los cristianos que son perseguidos por los extremistas islámicos. Para nuestra familia en Jesús perseguida, las consecuencias por obedecer a Cristo son claras. Cuando estos fieles creyentes eligen a Jesús como su Señor y Salvador, saben el costo de ser sus discípulos. Saben que una vez que su fe se hace visible a los demás, vendrá la persecución. Así que lo esperan y lo aceptan.

La profundidad de los sacrificios que hacen para servir a Cristo con fidelidad es difícil de comprender si no hemos experimentado tal persecución. En muchas áreas controladas por musulmanes, los cristianos son obligados a salir de sus hogares y comunidades, son golpeados y encarcelados, se les niega la vivienda y no son contratados cuando buscan empleo, o son despedidos de sus trabajos. Algunos son vendidos como esclavos sexuales o torturados. Otros son decapitados frente a sus hijos, los cuales pueden ser perseguidos después. Los estudiantes universitarios cristianos pueden ser expulsados de la universidad, y los administradores eliminarán todos los registros de su asistencia y calificaciones. En ocasiones, los extremistas islámicos asesinan a toda una familia de creyentes.

Pero nuestros y hermanas cristianos en el mundo musulmán, a través de la palabra y la acción, proclaman: "Vale la pena. Somos discípulos de Jesús. Seguiremos comprometidos con Dios y con Su reino sin importar los sacrificios que se requieran. Somos llamados a hacer discípulos. Pase lo que pase, tenemos esperanza porque ¡Jesús prometió prepararnos un lugar donde estaremos con Él para siempre!". Sus sacrificios son un poderoso testimonio de nuestro amoroso Dios, cuya gracia se extiende a todos los pecadores y les permite vivir en servicio fiel a Él a aquellos que reciben a Jesús como Salvador y Señor.

A través de esta sesión de estudio en video, veremos a nuestros familiares perseguidos de manera cercana y personal. Conoceremos los sacrificios que hacen todos los días. Exploraremos lo que la Biblia revela sobre el sacrificio en la vida de Jesús y en la vida de quienes lo siguen. Que Dios abra nuestros ojos para ver el mundo en donde nuestros hermanos y hermanas eligen ser "sacrificios vivos" para Cristo. Que Él abra nuestros corazones para amarlos y apoyarlos dondequiera que vivan y sirvan.

Sacrificio

Oración

Amado Señor, al comenzar juntos este estudio, te agradecemos por tu amor eterno hacia todas las personas. Te damos gracias por la oportunidad que tenemos de adorarte y servirte. Por favor, abre nuestros ojos y corazones para ver el mundo en el que viven nuestros hermanos y hermanas en Cristo que son perseguidos. Ayúdanos a comprender mejor los desafíos que enfrentan y los sacrificios que realizan para seguirte fielmente. Ayúdanos a verlos, no solo desde nuestra perspectiva humana, sino también como tú los ves; ver su papel en el avance de tu Reino y abrazarlos como nuestra verdadera familia en Cristo. En el nombre de Jesús oramos, amén.

Análisis del video
Notas del video

> Jesús dijo que la persecución vendría
> Lo que significa perderlo todo
> La gente está abierta a Jesús
> Eligiendo quedarse y sufrir
> Dios está cuidando de nosotros

Discusión sobre el video

1. Cuando ves y escuchas sobre el sufrimiento que soportan estos cristianos por amor a Jesús, ¿qué les dirías cuando los oyes que dicen: "A nadie le importa"?

2. Muchos cristianos en el norte de Irak eran maestros, profesionales y empresarios que tenían una vida razonablemente cómoda antes de la guerra y antes de ISIS. Ahora ellos se encuentran sin hogar, sin dinero, sin más ropa que la que llevan puesta, sin comida ni agua, sin opciones para encontrar trabajo y, a menudo, sin la oportunidad de buscar un mejor lugar para vivir.

¿Qué piensas cuando intentas ponerte en su situación?

¿Cuán diferentes son sus vidas de la vida que pensaste que tendrías cuando te hiciste cristiano?

3. Al considerar lo que dicen las personas entrevistadas en el video sobre su situación y cómo eligieron vivir para Jesús, ¿qué crees que se necesita (en términos de convicciones, experiencias, compromiso de fe) para que las personas hagan esos grandes sacrificios para permanecer firmes en su fe en Jesús?

4. Es fácil ver las noticias de lo que está sucediendo en Irak y Siria, y aun así estar desconectado del verdadero horror de lo que está ocurriendo y de las personas que viven esas experiencias.

¿De qué forma te ayudó este video a darte cuenta de la expansión de ISIS en la región? (el noreste de Siria y el norte de Irak)

¿De qué manera este video ha ayudado a conectarte con las personas que son tu familia en Cristo y que están siendo perseguidas?

Sacrificio

¿Qué tan diferente te sientes ahora con respecto a los cristianos que te han sido presentados en el video?

5. ¿De qué manera los testimonios de los creyentes destacados en este video te desafiaron o alentaron a vivir tu fe en donde vives?

Registro de sucesos: Yo soy n

Como se dijo anteriormente, cuando los militantes del Estado Islámico (ISIS) se mudaron al norte de Irak, comenzaron a identificar las propiedades de las personas cristianas. Algunas familias podrían encontrar la letra árabe ن (nun) o "n" pintada en la pared de su casa, negocio o iglesia. Esta única letra transmite la poderosa acusación de que los ocupantes del lugar son "nazarenos", es decir, personas que siguen a Jesús de Nazaret en lugar de al islam.

Ser etiquetado como "n" en una comunidad dominada por extremistas musulmanes es una identidad que cambia la vida. Con esta marca viene el ultimátum: "Si te conviertes al islam o pagas un impuesto, puedes mantener tus posesiones materiales y permanecer en esta comunidad. Si no lo haces, huye o morirás". Cualquier persona que decida permanecer con Jesús en el Irak ocupado por ISIS, cualquier persona que elija ser "n", paga un alto precio.

Sin previo aviso, algunos cristianos son sacados de sus hogares y negocios a manos de militares armados, y nunca más se les vuelve a ver.

Los pastores que comparten el mensaje de Jesús en sus comunidades son decapitados frente a sus familias. Los niños que no renuncian a Jesús pueden ser fusilados. Los adolescentes pueden ser sacados de sus hogares y familias, y forzados a servir en ISIS, o son violados, golpeados, mutilados y abandonados hasta morir. Otras atrocidades son tan horribles que no las describiremos aquí.

Desde 2003, tal persecución ha forzado a huir a más de un millón de cristianos iraquíes, quienes se han rehusado a renunciar a Jesús o a la Biblia. Muchos de estos sobrevivientes han escapado sin nada más que la ropa que llevan puesta. En los puntos de control a lo largo del camino, los combatientes de ISIS han confiscado todos sus bienes materiales, dinero, identificación, pasaportes, alimentos y el agua que cristianos habían logrado llevar con ellos. En algunos casos, ellos retienen a algunos miembros de la familia, incluso a los niños.

Ahora estos cristianos viven en la tenue seguridad de los campos de refugiados. Confían en que Dios proveerá diariamente su comida, refugio y seguridad porque no tienen dinero, no tienen opciones para encontrar un trabajo y no hay otro lugar a dónde ir. Y es aún más desafiante la realidad de que su situación no es temporal; es probable que sus circunstancias de vida no mejoren en un futuro cercano.

Sin embargo, su valeroso y firme compromiso con Dios frente a la persecución proporciona una poderosa imagen de lo que significa ser "n". Están dispuestos a sacrificar todo lo que tienen en este mundo para cumplir el llamado de Dios de obedecerlo y servirlo. Al igual que los héroes de la fe cuyas historias leemos en la Biblia y en el registro de la historia de la Iglesia, ellos están viviendo las palabras de Pablo en Filipenses 1:21: "Para mí el vivir es Cristo, y el morir es ganancia".

Perspectiva bíblica

Las personas de todo el mundo, quienes conocen a Jesús y quienes no, están dispuestos y son capaces de hacer algunos sacrificios. Por ejemplo, nos sacrificaremos por aquellos a quien amamos y también por las causas que nos preocupan profundamente. Pero desde una perspectiva humana, somos cuidadosos con los sacrificios que hacemos. Hacemos sacrificios que consideramos que valen la pena, aquellos que tienen un resultado positivo para nosotros. Si consideramos que un sacrificio es demasiado costoso, optamos por no hacerlo. Entonces, ¿cuál es la base para sacrificar todo —el hogar, la carrera, los bienes materiales, incluso la vida misma— para poder estar con Jesús?

1. La Biblia desafía a todos los que eligen seguir a Jesús a que caminen de la misma manera que Jesús caminó (1 Juan 2:6). Considera cada uno de los siguientes pasajes bíblicos y discute dos cosas: 1) Los sacrificios que Jesús hizo para cumplir el propósito de Dios para su vida en la tierra; 2) Las formas en que los sacrificios hechos por los cristianos perseguidos hoy reflejan los sacrificios que Él hizo.

a. "Entonces los soldados del gobernador llevaron a Jesús al pretorio, y reunieron alrededor de él a toda la compañía; y desnudándole, le echaron encima un manto de escarlata, y pusieron sobre su cabeza una corona tejida de espinas, y una caña en su mano derecha; e hincando la rodilla delante de él, le escarnecían, diciendo: ¡Salve, Rey de los judíos! Y escupiéndole, tomaban la caña y le golpeaban en la cabeza. Después de haberle escarnecido, le quitaron el manto, le pusieron sus vestidos, y le llevaron para crucificarle" (Mateo 27:27-31).

b. "Y los hombres que custodiaban a Jesús se burlaban de él y le golpeaban; y vendándole los ojos, le golpeaban el rostro, y le preguntaban, diciendo: Profetiza, ¿quién es el que te golpeó? Y decían otras muchas cosas injuriándole" (Lucas 22:63-65).

c. "Crucificaron también con él a dos ladrones, uno a su derecha, y el otro a su izquierda. Y se cumplió la Escritura que dice: Y fue contado con los inicuos. Y los que pasaban le injuriaban, meneando la cabeza y diciendo: ¡Bah! tú que derribas el templo de Dios, y en tres días lo reedificas, sálvate a ti mismo, y desciende de la cruz. De esta manera también los principales sacerdotes, escarneciendo, se decían unos a otros, con los escribas: A otros salvó, a sí mismo no se puede salvar. El Cristo, Rey de Israel, descienda ahora de la cruz, para que veamos y creamos. También los que estaban crucificados con él le injuriaban" (Marcos 15:27-32).

d. "Porque ya conocéis la gracia de nuestro Señor Jesucristo, que por amor a vosotros se hizo pobre, siendo rico, para que vosotros con su pobreza fueseis enriquecidos" (2 Corintios 8:9).

e. "Haya, pues, en vosotros este sentir que hubo también en Cristo Jesús, el cual, siendo en forma de Dios, no estimó el ser igual a Dios como cosa a que aferrarse, sino que se despojó a sí mismo, tomando forma de siervo, hecho semejante a los hombres; y estando en la condición de hombre, se humilló a sí mismo, haciéndose obediente hasta la muerte, y muerte de cruz" (Filipenses 2:5-8).

2. ¿En qué maneras prácticas, el video que acabas de ver te ha demostrado el significado de Romanos 12:1: "Así que, hermanos, os ruego por las misericordias de Dios, que presentéis vuestros cuerpos en sacrificio vivo, santo, agradable a Dios, que es vuestro culto racional"?

3. Lee 1 Pedro 2:21-23 "Pues para esto fuisteis llamados; porque también Cristo padeció por nosotros, dejándonos ejemplo, para que sigáis sus pisadas; el cual no hizo pecado, ni se halló engaño en su boca; quien cuando le maldecían, no respondía con maldición; cuando padecía, no amenazaba, sino encomendaba la causa al que juzga justamente".

¿De qué manera están viviendo esta perspectiva tus hermanos y hermanas cristianas y qué te dice su ejemplo?

¿Qué te enseñan estos versículos acerca de cómo responder a la persecución (ridículo, rechazo, represalia) que podrías experimentar debido a tu fe en Jesús?

Si te sientes cómodo haciéndolo, comparte los cambios que necesitas hacer en tu camino de fe para poder vivir más plenamente el llamado de Cristo.

4. Desde una perspectiva humana, los que persiguen y perjudican a los seguidores de Jesús tienden a ver a sus "víctimas" como inferiores, débiles, indefensos y mucho menos valiosos que ellos mismos. Pero la perspectiva de Dios es bastante diferente. Lee Lucas 21:10-17 y Juan 16:1-3, tomando nota de cómo Jesús presenta una perspectiva diferente sobre quién tiene el poder real cuando se trata de ser perseguido por la causa de Cristo.

> Entonces les dijo: Se levantará nación contra nación, y reino contra reino; y habrá grandes terremotos, y en diferentes lugares hambres y pestilencias; y habrá terror y grandes señales del cielo. Pero antes de todas estas cosas os echarán mano, y os perseguirán, y os entregarán a las sinagogas y a las cárceles, y seréis llevados ante reyes y ante gobernadores por causa de mi nombre. Y esto os será ocasión para dar testimonio. Proponed en vuestros corazones no pensar antes cómo habéis de responder en vuestra defensa; porque yo os daré palabra y sabiduría, la cual no podrán resistir ni contradecir todos los que se opongan. Mas seréis entregados aun por vuestros padres, y hermanos, y parientes, y amigos; y matarán a algunos de vosotros; y seréis aborrecidos de todos por causa de mi nombre (Lucas 21:10-17).

Sacrificio

Estas cosas os he hablado, para que no tengáis tropiezo. Os expulsarán de las sinagogas; y aún viene la hora cuando cualquiera que os mate, pensará que rinde servicio a Dios. Y harán esto porque no conocen al Padre ni a mí (Juan 16:1-3).

¿Qué seguridad, promesas y poder brinda Jesús a los creyentes que eligen el sacrificio de la persecución por causa de Su nombre?

Basándote en estos versículos, ¿qué oportunidades ofrece la persecución para los seguidores de Jesús y cómo respondes a eso?

¿Cómo afecta el empoderamiento de Cristo a los creyentes que enfrentan la persecución, y de qué manera viste esto demostrado en el video?

"¡La iglesia perseguida, en última instancia, no es una iglesia de víctimas! Si son fieles a las Escrituras, salen adelante en el poder de Dios, creyendo que el sufrimiento no es lo peor que les puede pasar".

Glenn M. Penner

Nuestra reacción

Sabemos que a lo largo de la historia, el pueblo de Dios ha sufrido persecución y ha hecho grandes sacrificios para representar a Jesús, pero puede ser difícil "conectar" lo que ha sucedido en la historia con nuestra vida diaria. Lo que hemos visto hoy es, de alguna manera, una repetición de lo que leemos en la Biblia y es muy real; está sucediendo ahora mismo. Se trata de nuestro mundo, nuestra época, nuestros hermanos y hermanas a quienes podemos ver, tocar y hablar. ¡En realidad ellos están haciendo esos sacrificios!

¿Qué impacto tiene en ti su deseo de sacrificar tanto por Jesús?

¿Qué acción te desafía a hacer su sacrificio entusiasta?

1 Corintios 12:12-18, 25-26 proporciona una imagen de nuestras responsabilidades con respecto a los miembros perseguidos de nuestra familia en Cristo en todo el mundo:

> Porque así como el cuerpo es uno, y tiene muchos miembros, pero todos los miembros del cuerpo, siendo muchos, son un solo cuerpo, así también Cristo. Porque por un solo Espíritu fuimos todos bautizados en un cuerpo, sean judíos o griegos, sean esclavos o libres; y a todos se nos dio a beber de un mismo Espíritu. Además, el cuerpo no es un solo miembro, sino muchos. Si dijere el pie: Porque no soy mano, no soy del cuerpo, ¿por eso no será del cuerpo? Y si dijere la oreja: Porque no soy ojo, no soy del cuerpo, ¿por eso no será del cuerpo? Si todo el cuerpo fuese ojo, ¿dónde estaría el oído? Si todo fuese oído, ¿dónde estaría el olfato? Mas ahora Dios ha colocado los miembros cada uno de ellos en el

Sacrificio

cuerpo, como él quiso… para que no haya desavenencia en el cuerpo, sino que los miembros todos se preocupen los unos por los otros. De manera que si un miembro padece, todos los miembros se duelen con él, y si un miembro recibe honra, todos los miembros con él se gozan.

Cuando los seguidores de Jesús que conocemos (en nuestro vecindario, lugar de trabajo o comunidad) experimentan tiempos de hostigamiento o sacrificio, a menudo intervenimos para brindar ánimo, ayuda y oración. ¿Cuáles son algunas de las maneras en que podemos hacer esto por nuestra familia en Cristo que es perseguida?

Algunos de los cristianos que aparecen en el video creen con todo su corazón que Dios cuidará de ellos sin importar lo que pase. Como resultado, ellos sacrifican con entusiasmo todo lo que tienen para representarlo. Como creyentes que ahora no enfrentan el sufrimiento de la misma manera que ellos, ¿cuál es nuestra responsabilidad para con ellos? ¿Cómo crees que sería sufrir con ellos y cuidarlos como parte del mismo cuerpo?

Los cristianos en el video probablemente no esperaban que sus vidas fueran como son ahora. Pero están seguros de que sus vidas pertenecen a Dios, por lo que están dispuestos a darlo todo. ¿Cómo te inspiran sus ejemplos en tu caminar con Dios? ¿Te anima a conocerlo completamente y seguirlo con entusiasmo?

Oración de clausura

Unamos nuestros corazones ante Dios y oremos por el cuerpo de Cristo. Iniciemos con una oración todos juntos, luego cada uno dirigirá un breve tiempo de oración hasta que todos participemos.

Amado Señor, nos reunimos ante ti para orar por nuestros hermanos y hermanas en Cristo que enfrentan persecución severa... [Cada participante dirige un tiempo de oración]... Nos sentimos bendecidos por su deseo de sacrificarlo todo y representarte a ti. Oramos para que sean consolados en sus sufrimientos y que sepan que no sufren solos. En nombre de Jesús oramos, amén.

Próximos pasos
¡Dios está cuidando de nosotros!

Jesús ha prometido una gran recompensa a aquellos que se sacrifican y sufren por causa de Su nombre. Una y otra vez, nuestros hermanos y hermanas cristianos que sacrifican tanto por el amor de Cristo nos recuerdan que Dios los está cuidando (incluso en medio de grandes dificultades y en el trabajo duro).

El conocimiento y la plena confianza de que Dios está cuidándolos hoy y los cuidará por su eternidad los impulsa a una mayor fidelidad y sacrificio. Es lo que impulsa a Aram a decir: "Nada puede impedirme lo que estoy haciendo porque sé que Él me está protegiendo". Esto impulsa al Pastor Karim a decir: "Experimentamos en estos seis meses muchas de las promesas de Dios. Él está cuidando de cada detalle".

Sacrificio

La elección de sacrificar todo por Jesús se reduce a una pregunta muy grande: ¿Creo sinceramente que Cristo está vivo, cuidándome hoy y esperándome en el cielo? Considera lo que Jesús mismo ha dicho acerca de aquellos que son perseguidos por su causa y lo que pueden esperar de su mano.

Bienaventurados los que padecen persecución por causa de la justicia, porque de ellos es el reino de los cielos. Bienaventurados sois cuando por mi causa os vituperen y os persigan, y digan toda clase de mal contra vosotros, mintiendo. Gozaos y alegraos, porque vuestro galardón es grande en los cielos; porque así persiguieron a los profetas que fueron antes de vosotros (Mateo 5:10-12).

Y él les dijo: De cierto os digo, que no hay nadie que haya dejado casa, o padres, o hermanos, o mujer, o hijos, por el reino de Dios, que no haya de recibir mucho más en este tiempo, y en el siglo venidero la vida eterna (Lucas 18:29-30).

Bienaventurados seréis cuando los hombres os aborrezcan, y cuando os aparten de sí, y os vituperen, y desechen vuestro nombre como malo, por causa del Hijo del Hombre. Gozaos en aquel día, y alegraos, porque he aquí vuestro galardón es grande en los cielos; porque así hacían sus padres con los profetas (Lucas 6:22-23).

El que halla su vida, la perderá; y el que pierde su vida por causa de mí, la hallará (Mateo 10:39).

Y cualquiera que haya dejado casas, o hermanos, o hermanas, o padre, o madre, o mujer, o hijos, o tierras, por mi nombre, recibirá cien veces más, y heredará la vida eterna (Mateo 19:29).

¿Qué estímulo ves en estos pasajes de las Escrituras que den ánimo a tus hermanos y hermanas cristianos que actualmente soportan grandes sufrimientos debido a que están con Jesús?

¿Qué impacto tienen estos pasajes de las Escrituras en ti y tu disposición para hacer sacrificios personales cuando te enfrentas a la oposición por permanecer firme en tu fe? Sé específico.

"Por nuestro sacrificio, Dios rasgará el telón islámico y mostrará la verdadera cara del islam. Para Dios es posible cambiarlo todo, si estamos listos para que se haga Su voluntad en y a través de nuestras vidas, e incluso hasta en nuestra muerte".

Narsbek, Kyrgyztan

Sesión 2

Valentía

Sed sobrios, y velad; porque vuestro adversario el diablo, como león rugiente, anda alrededor buscando a quien devorar; al cual resistid firmes en la fe, sabiendo que los mismos padecimientos se van cumpliendo en vuestros hermanos en todo el mundo. Mas el Dios de toda gracia, que nos llamó a su gloria eterna en Jesucristo, después que hayáis padecido un poco de tiempo, él mismo os perfeccione, afirme, fortalezca y establezca.

1 Pedro 5:8-10

Inicio de sesión

La magnitud del sufrimiento que padecen los cristianos, así como otras minorías religiosas que alguna vez vivieron en las áreas controladas por ISIS de Siria e Irak, es abrumadora. Es realmente aterrador. La perversión de la persecución que viven es más de lo que nuestras mentes pueden comprender, y la brutalidad que ellos experimentan es más de lo que nuestros corazones pueden soportar.

Pero desde los primeros tiempos de la Biblia, Dios ha llamado a la gente a servirle en medio de graves peligros y circunstancias aparentemente imposibles. Entonces, ¿qué es lo que le permite a una persona defender a Jesús en medio de lo que está ocurriendo actualmente en Siria e Irak? ¿Qué hace que una persona vaya del miedo paralizante a seguir a Jesús fielmente, sin importar las consecuencias? A través de esta sesión de estudio conoceremos a algunos cristianos valientes; no son valientes debido a su pensamiento positivo o a la confianza en su propia fuerza. Ellos son personas como nosotros que enfrentan a un enemigo poderoso, un enemigo que usa todas las herramientas a su disposición para destruir y matar al pueblo de Dios y obstaculizar sus actividades espirituales. La valentía terrenal por sí sola es insuficiente para pelear esta batalla. Ese tipo de valor no puede motivar a una persona que vive en los territorios controlados por ISIS, a compartir el Evangelio con su vecino musulmán, a participar en una iglesia en casa, distribuir Biblias o dirigir clandestinamente estudios bíblicos para nuevos creyentes.

Estos hermanos y hermanas en Cristo tienen la valentía de defender a Jesús y enfrentar la persecución sólo porque su fe está arraigada en el conocimiento de que Dios está trabajando en ellos y por medio de ellos para cumplir Su voluntad. La perspectiva que ellos tienen de la vida se extiende más allá de lo que les está sucediendo aquí en la tierra, va hasta la eternidad que Dios promete a los que le pertenecen. Su valentía se nutre de la promesa de que Dios está con ellos y nunca los abandonará. Confiados en el poder y la presencia de Dios con ellos, obtienen la fuerza para enfrentarse a dificultades insuperables. Veamos qué podemos aprender sobre la valentía que conduce a acciones audaces a pesar de los riesgos del caos que amenaza su vida.

Oración

Padre Celestial, nos hemos reunido para conocer a algunos de nuestros hermanos y hermanas en Cristo que enfrentan persecución severa por seguirte. Abre nuestros ojos para ver y comprender lo que quieres que experimentemos. Abre nuestros corazones para interesarnos profundamente por nuestra familia perseguida (para compartir su miedo, dolor, incertidumbre), no para que temamos, sino para que estemos con ellos y los apoyemos de manera significativa. Prepáranos también para ser valientes para ti en nuestro mundo. En el nombre de Jesús oramos, amén.

Análisis del video
Notas del video

> Cuando llega ISIS
> Cristianos en la mira de la persecución
> La luz de Jesús en la oscuridad y el dolor
> Valentía para hacer lo que no es fácil.

Discusión sobre el video

1. El video que hemos visto muestra una imagen gráfica, pero sumamente real, de lo que están sufriendo nuestros hermanos y hermanas cristianos en Siria e Irak. Si consideras el sufrimiento generalizado y la brutalidad extrema que soportan estos cristianos, ¿cuáles son tus pensamientos?

¿Qué preguntas plantean las experiencias que acabas de ver?

¿Qué te cuesta trabajo comprender?

2. Por un momento, intentemos ponernos dentro del caos y del terror que nuestras familias perseguidas experimentan cuando ISIS se apodera de sus pueblos y ciudades.

¿Cuáles crees que serían tus mayores preocupaciones?

¿De qué manera, una crisis semejante, podría afectar tus convicciones espirituales, tus pensamientos y tus acciones?

¿Qué te llama la atención sobre la manera en que tus hermanos y hermanas enfrentan lo que viven y cómo es que ellos reaccionan a esas circunstancias?

3. ¿Qué observas acerca de las personas que han sobrevivido a todo esto (recibir un disparo, ser secuestradas y encadenadas, o sufrir la pérdida de dientes), y que aun así se queden en su ciudad, continúen pastoreando, sigan contando a otros sobre Jesús, y sigan repartiendo Biblias a quien quiera una?

4. La respuesta humana natural a los horrores y las atrocidades que enfrenta la gente común ante la amenaza de ISIS es tener un miedo paralizante. ¿De dónde crees que estos creyentes obtienen el valor de avanzar en obediencia a Jesús?

Valentía

5. ¿Qué crees que quiso decir el pastor cuando dijo: "Si no creemos, el cristianismo es una religión muy difícil", y de qué manera estarías de acuerdo o en desacuerdo?

Personas desplazadas por la lucha del Estado Islámico

La persecución no es nueva para los cristianos que han vivido en Siria e Irak, pero el surgimiento de ISIS, una insurgencia del Estado Islámico (conocido como Da'esh por algunos), ha sido un cambio radical. En un autoproclamado califato global, ISIS reclama autoridad religiosa, política y militar sobre los musulmanes de todo el mundo. La extrema violencia y brutalidad de la toma de posesión de ISIS en Siria e Irak está cambiando la vida de los cristianos, de otras minorías religiosas e incluso de los musulmanes.

Históricamente, Siria ha sido un estado secular donde el islam es reconocido como la religión mayoritaria. Ha sido el hogar de diversos grupos étnicos y religiosos, incluyendo a los kurdos, armenios, asirios, cristianos, drusos, alauitas, así como musulmanes chiítas y sunitas. La guerra civil que comenzó en marzo de 2011 cambió radicalmente el ambiente para todos los sirios, incluidos los cristianos que antes tenían una relativa libertad dentro de la sociedad islámica en general. Cientos de miles de sirios han sido asesinados y millones se han tenido que cambiar de ciudad o han huido del país.

La dificultad de la vida en Siria agrega estímulo para el éxodo. La comida y las medicinas son escasas. La electricidad, si está disponible, puede encenderse solo unas pocas horas al día. Viajar es peligroso porque múltiples grupos armados establecen puestos de control donde les place. Algunas comunidades históricamente cristianas donde los musulmanes y los cristianos han vivido en armonía durante años, han sido tomadas por las milicias islamistas radicales como el Frente Al Nusra (un afiliado de al-Qaeda). Su presencia ha desplazado no solo a los residentes más antiguos, sino también a las familias que habían sido obligadas a huir de otras zonas de Siria y que, por un corto tiempo, encontraron refugio en estas ciudades.

Antes del 2003, un millón y medio de cristianos vivían en Irak, su población se concentraba en la parte norte del país, conocida como las Planicies de Nínive. Pero desde que la guerra de Irak terminó en 2011, Irak ha luchado por lograr la estabilidad política y económica, lo que resulta en una situación complicada donde los cristianos pueden ser severamente perseguidos o tener una libertad relativa para practicar su fe.

En junio de 2014, ISIS tomó el control de Mosul, la segunda ciudad más grande de Irak, obligando a huir a casi todos sus treinta y cinco mil cristianos. Conforme entró el verano, ISIS continuó su avance. Aproximadamente doscientos mil cristianos huyeron de las ciudades y aldeas de las Planicies de Nínive, lugar que había sido el hogar de los cristianos durante casi dos mil años. A principios de 2015, ISIS comenzó a secuestrar a los cristianos de las aldeas del noreste de Siria y los expulsó de la antigua ciudad de Palmira, en el centro de Siria.

La inestabilidad y el conflicto en Siria e Irak durante los últimos años han obligado a cientos de miles de personas —cristianos, otras minorías religiosas y musulmanes que temen por la seguridad de sus familias— a huir a Jordania, al Líbano, a Turquía y a la región semiautónoma de Kurdistán en el noreste de Irak. El continuo crecimiento de ISIS ha hecho que el número de personas que huyen agregue cientos de miles más. La vida para estos refugiados es extremadamente difícil. A menudo carecen incluso de las necesidades básicas como alojamiento y comida. Pero Dios está trabajando poderosamente en medio del sufrimiento y del caos. Los cristianos se muestran firmes por Cristo, a veces brindan asistencia práctica a sus vecinos musulmanes y arriesgan sus vidas para compartir con ellos el mensaje del amor de Dios. Muchos musulmanes, consternados por la brutalidad de los extremistas islámicos, están mostrando un sincero interés en leer la Biblia y aprender sobre Jesús.

Perspectiva bíblica

La valentía para defender a Jesús en el entorno en el que viven los cristianos perseguidos no puede basarse en la fuerza o en la emoción humana, ni en "animarse" por fe. La valentía que contrarresta el temor a las amenazas que enfrentan los cristianos en Irak y Siria es resultado de un compromiso total de servir obedientemente a Dios y hacer Su voluntad. Tal compromiso surge de una relación personal con Dios: el conocimiento, la convicción y la experiencia que revela que Dios es poderoso y confiable en todas sus promesas. Exploremos lo que dice la Biblia acerca del temor y la valentía en los corazones de aquellos que toman el riesgo de mantenerse firmes en Jesús.

1. Dios conoce los riesgos y peligros de la obediencia fiel a Él, y en toda la Biblia leemos las promesas de que Él estará con su pueblo en esos momentos. Dios hizo una de esas promesas cuando Moisés

encargó a los israelitas tomar posesión de la Tierra Prometida bajo el liderazgo de Josué: "Esforzaos y cobrad ánimo; no temáis, ni tengáis miedo de ellos, porque Jehová tu Dios es el que va contigo; no te dejará, ni te desamparará" (Deuteronomio 31:6).

Cuando enfrentamos la persecución, ¿qué papel juega nuestra confianza en las promesas de Dios y nuestra conciencia de Su presencia con nosotros para enfrentar nuestro miedo y darnos valor?

2. Jesús sabía que si sus seguidores obedecían fielmente su mandato de hacer discípulos, sufrirían el tipo de oposición y persecución que produce miedo. Así que Él dijo:

> Y no temáis a los que matan el cuerpo, mas el alma no pueden matar; temed más bien a aquel que puede destruir el alma y el cuerpo en el infierno. ¿No se venden dos pajarillos por un cuarto? Con todo, ni uno de ellos cae a tierra sin vuestro Padre. Pues aun vuestros cabellos están todos contados. Así que, no temáis; más valéis vosotros que muchos pajarillos. A cualquiera, pues, que me confiese delante de los hombres, yo también le confesaré delante de mi Padre que está en los cielos. Y a cualquiera que me niegue delante de los hombres, yo también le negaré delante de mi Padre que está en los cielos (Mateo 10:28-33).

Valentía

¿Cuánto valor tienen a la vista de Dios todos los que lo honran, y cuánto nos cuida a cada uno de nosotros, incluso cuando no podemos verlo trabajar en nuestro favor?

¿Qué diferencia hace su atento cuidado sobre nosotros cuando tenemos miedo?

3. La Biblia no solo nos enseña a no tener miedo cuando sufrimos una dificultad al vivir nuestra fe, sino que también nos da razones para tener esperanza:

> Bendito el Dios y Padre de nuestro Señor Jesucristo, que según su grande misericordia nos hizo renacer para una esperanza viva, por la resurrección de Jesucristo de los muertos, para una herencia incorruptible, incontaminada e inmarcesible, reservada en los cielos para vosotros, que sois guardados por el poder de Dios mediante la fe, para alcanzar la salvación que está preparada para ser manifestada en el tiempo postrero. En lo cual vosotros os alegráis, aunque ahora por un poco de tiempo, si es necesario, tengáis que ser afligidos en diversas pruebas, para que sometida a prueba vuestra fe, mucho más preciosa que el oro, el cual aunque perecedero se prueba con fuego, sea hallada en alabanza, gloria y honra cuando sea manifestado Jesucristo (1 Pedro 1:3-7).

¿Cuál es la esperanza de vida que tenemos como cristianos, y qué diferencia produce esa esperanza en las vidas de los creyentes que viste en el video?

¿De qué manera su ejemplo nos mueve hacia una mayor conciencia y dependencia de la Palabra de Dios, y cómo es que esto fortalece nuestra valentía?

4. Los perseguidores pueden ser muy eficaces para despojarnos de nuestro valor como seres humanos, al convencernos de que estamos solos, que no importamos y que nadie se preocupa por nosotros. En cambio, Romanos 8:35-39 presenta una imagen diferente de nuestro valor en Cristo:

> ¿Quién nos separará del amor de Cristo? ¿Tribulación, o angustia, o persecución, o hambre, o desnudez, o peligro, o espada? Como está escrito:
>
> "Por causa de ti somos muertos todo el tiempo; Somos contados como ovejas de matadero".
>
> Antes, en todas estas cosas somos más que vencedores por medio de aquel que nos amó.
>
> Por lo cual estoy seguro de que ni la muerte, ni la vida, ni ángeles, ni principados, ni potestades, ni lo presente, ni lo por venir, ni lo alto, ni lo profundo,

ni ninguna otra cosa creada nos podrá separar del amor de Dios, que es en Cristo Jesús Señor nuestro.

¿Qué tan relevante es este pasaje en la persecución que los cristianos están soportando en el mundo actualmente, y qué crees que signifique para ellos a la luz de lo que experimentan cada día?

¿Qué empoderamiento nos da la promesa del amor de Dios cuando buscamos ser fieles y valientes al servir a Jesús?

5. En su carta a los Filipenses, Pablo anima a los creyentes a luchar por el bien del mensaje del Evangelio, sabiendo que se necesitará valor para hacerlo: "Solamente que os comportéis como es digno del evangelio de Cristo, para que o sea que vaya a veros, o que esté ausente, oiga de vosotros que estáis firmes en un mismo espíritu, combatiendo unánimes por la fe del evangelio, y en nada intimidados por los que se oponen, que para ellos ciertamente es indicio de perdición, mas para vosotros de salvación; y esto de Dios. Porque a vosotros os es concedido a causa de Cristo, no sólo que creáis en él, sino también que padezcáis por él" (Filipenses 1:27-29).

Cuando el pueblo de Dios se mantiene firme en Cristo y vive sin temor el Evangelio, incluso cuando sufren, ¿qué mensaje están enviando a sus perseguidores?

¿De qué manera los cristianos perseguidos en el mundo musulmán están viendo que esto sucede, y cómo los afecta esto? ¿Cómo te afecta a ti?

6. Es fácil sentirse abrumado por el miedo cuando no podemos ver más allá del sufrimiento que trae la persecución. Isaías 26:3-4 presenta un enfoque alternativo: "Tú guardarás en completa paz a aquel cuyo pensamiento en ti persevera; porque en ti ha confiado. Confiad en Jehová perpetuamente, porque en Jehová el Señor está la fortaleza de los siglos".

¿Qué dice Isaías que traerá paz a nuestras mentes y corazones?

¿De qué manera centrar nuestros pensamientos en el Señor y confiar en Él nos da valor cuando tenemos miedo? ¿Qué ejemplos has visto en el video? ¿Y en tu propia vida?

"Yo no pienso en los riesgos y los peligros. Yo pienso en Cristo".

Pastor sirio

Nuestra reacción

Puede que no enfrentemos persecución mortal en nuestra vida diaria, pero aun así enfrentamos persecución. A menudo se presenta en forma de burla, fanatismo, insultos, injusticia, acoso y falsas acusaciones. Es doloroso y atemorizante ser humillado y rechazado por las personas que se oponen a nosotros por nuestra fe. Así como nuestros hermanos y hermanas perseguidos necesitan ser valientes para vivir para Cristo en su entorno, nosotros necesitamos serlo también para caminar fielmente con Jesús y compartir audazmente su mensaje en lugar de escondernos en el miedo.

Mientras procuras caminar con Jesús, ¿qué situaciones hacen que tengas miedo o que te preguntes si debes o no mantenerte firme en lo que crees?

¿Qué has descubierto hasta ahora en esta sesión, ya sea de tus hermanos y hermanas perseguidos en Cristo o de los pasajes bíblicos que hemos explorado, que fortalece tu valentía o que cambia tu forma de pensar acerca de lo que significa vivir como un fiel seguidor de Jesús?

Gran parte del video que has visto se grabó cuando representantes de *La Voz de los Mártires* fueron a Irak para entregar suministros a los refugiados cristianos. ¿Cómo crees que se puso a prueba su valentía, al ser personas del occidente viajando cerca de las áreas controladas por ISIS y siendo interrogados por la policía?

¿Por qué crees que fue importante para ellos ir, a pesar de los riesgos que enfrentaron?

Mientras David (a quien Dios escogió para convertirse en rey de Israel) trató de cumplir la voluntad de Dios para su vida, enfrentó a muchos enemigos poderosos y situaciones que amenazaron su vida. Tuvo muchas oportunidades para tener miedo y para dejar de ser valiente en la tarea que Dios le había puesto. El siguiente salmo de David nos da una idea de cómo encontró el valor para ser fiel. Leamos juntos en voz alta:

Jehová es mi luz y mi salvación;
 ¿de quién temeré?
Jehová es la fortaleza de mi vida;
 ¿de quién he de atemorizarme?

Cuando se juntaron contra mí los malignos,
 mis angustiadores y mis enemigos,
para comer mis carnes,
 ellos tropezaron y cayeron.

Aunque un ejército acampe contra mí,
 No temerá mi corazón;
Aunque contra mí se levante guerra,
 Yo estaré confiado.

Una cosa he demandado a Jehová,
 ésta buscaré;
Que esté yo en la casa de Jehová
 todos los días de mi vida,
Para contemplar la hermosura de Jehová,
 y para inquirir en su templo (Salmo 27:1-4).

¿Qué en este salmo fortalece tu valor y probablemente el valor de tu familia perseguida en Iraq y Siria?

 La familia de Jesús que es perseguida siempre ha necesitado de las oraciones y el apoyo de sus compañeros creyentes. 2 Tesalonicenses 3:1-3 nos recuerda cuán importante son las oraciones de unos por los otros: "Por lo demás, hermanos, orad por nosotros, para que la palabra del Señor corra y sea glorificada, así como lo fue entre vosotros, y para que seamos librados de hombres perversos y malos; porque no es de todos la fe. Pero fiel es el Señor, que os afirmará y guardará del mal".

¿Cuál es nuestro compromiso de hacer que esta sea nuestra oración de unos por los otros y por nuestros hermanos y hermanas perseguidos en todo el mundo?

Oración de clausura

Cerremos nuestro tiempo juntos con una oración.

Amado Señor, te agradecemos por tu amor que nos redimió y por el atento cuidado que tienes de nosotros en todas las circunstancias. No podríamos tener el valor de caminar fielmente a través de la persecución si no estuvieras con nosotros. Por favor, ayúdanos a mantenernos valientemente en ti y para ti en dondequiera que nos encontremos. Te pedimos por nuestra familia perseguida en todo el mundo y te pedimos que les brindes sabiduría, fidelidad, protección, valor, paz y esperanza mientras te representan audazmente en lugares hostiles. Hacemos un compromiso contigo para orar por ellos con regularidad, pidiéndote que los capacites por medio de tu Espíritu para que sean tus testigos. Que todos nos unamos para conocerte, confiar en ti y servirte fielmente, sin importar el costo. En el nombre de Jesús oramos, amén.

Próximos pasos
No me avergüenzo de servir

Mientras el pueblo judío estuvo cautivo en Babilonia, el rey hizo una imagen de oro de sí mismo y exigió que todos se inclinaran ante ella y lo adoraran. Algunos de los judíos, que habían sido colocados en posiciones gobernantes en Babilonia, estaban decididos a obedecer fielmente a Dios incluso estando en cautiverio y se negaron a adorar la imagen del rey o servir a sus dioses. Aquí es donde tomamos su historia en Daniel 3:14-15:

> Habló Nabucodonosor y les dijo: ¿Es verdad, Sadrac, Mesac y Abed-nego, que vosotros no honráis a mi dios, ni adoráis la estatua de oro que he levantado? Ahora, pues, ¿estáis dispuestos para que al oír el son de la bocina, de la flauta, del tamboril, del arpa, del salterio, de la zampoña y de todo instrumento de música, os postréis y adoréis la estatua que he hecho? Porque si no la adorareis, en la misma hora seréis echados en medio de un horno de fuego ardiendo; ¿y qué dios será aquel que os libre de mis manos?

Los tres hombres respondieron que podían servir y adorar únicamente al único y verdadero Dios. También testificaron que Dios los libraría del horno, y que aunque no lo hiciera, no adorarían a los dioses del rey ni a su estatua. Esto enfureció al rey:

Valentía

Entonces Nabucodonosor se llenó de ira, y se demudó el aspecto de su rostro contra Sadrac, Mesac y Abed-nego, y ordenó que el horno se calentase siete veces más de lo acostumbrado. Y mandó a hombres muy vigorosos que tenía en su ejército, que atasen a Sadrac, Mesac y Abed-nego, para echarlos en el horno de fuego ardiendo (Daniel 3:19-20).

El horno estaba tan caliente que mató a los soldados que arrojaron a Sadrac, Mesac y Abednego. Pero entonces ocurrió un asombroso milagro:

Entonces el rey Nabucodonosor se espantó, y se levantó apresuradamente y dijo a los de su consejo: ¿No echaron a tres varones atados dentro del fuego? Ellos respondieron al rey: Es verdad, oh rey. Y él dijo: He aquí yo veo cuatro varones sueltos, que se pasean en medio del fuego sin sufrir ningún daño; y el aspecto del cuarto es semejante a hijo de los dioses.

Entonces Nabucodonosor se acercó a la puerta del horno de fuego ardiendo, y dijo: Sadrac, Mesac y Abed-nego, siervos del Dios Altísimo, salid y venid. Entonces Sadrac, Mesac y Abed-nego salieron de en medio del fuego. Y se juntaron los sátrapas, los gobernadores, los capitanes y los consejeros del rey, para mirar a estos varones, cómo el fuego no había tenido poder alguno sobre sus cuerpos, ni aun el cabello de sus cabezas se había quemado; sus ropas estaban intactas, y ni siquiera olor de fuego tenían. Entonces Nabucodonosor dijo: Bendito sea el Dios de ellos, de Sadrac, Mesac y Abed-nego, que envió su ángel y libró a sus siervos que confiaron en él, y que no cumplieron el edicto del rey, y entregaron sus cuerpos antes que servir y adorar a otro dios que su Dios (Daniel 3:24-28).

¿Qué te dice esta historia sobre la valentía para servir a Dios a toda costa y el poder de Dios para librar a los que le sirven?

¿Qué impacto tuvo en el rey la fidelidad de ellos y cómo cambió el conocimiento qué él tenía de Dios?

¿En qué se parece esto a lo que está pasando entre algunos musulmanes que son testigos de la persecución que sufren los cristianos por su fe?

¿Cómo es que este resultado cambia tu perspectiva y motivación para servir a Dios con fidelidad sin importar el costo?

En oración, lee 2 Timoteo 1:8-12:

Por tanto, no te avergüences de dar testimonio de nuestro Señor, ni de mí, preso suyo, sino participa de las aflicciones por el evangelio según el poder de Dios, quien nos salvó y llamó con llamamiento santo, no conforme a nuestras obras, sino según el propósito suyo y la gracia que nos fue dada en Cristo Jesús antes de los tiempos de los siglos, pero que ahora ha sido manifestada por la aparición de nuestro Salvador Jesucristo, el cual quitó la muerte y sacó a luz la vida y la inmortalidad por el evangelio, del cual yo fui constituido predicador, apóstol y maestro de los gentiles. Por lo cual asimismo padezco esto; pero no me avergüenzo, porque yo sé a quién he creído, y estoy seguro que es poderoso para guardar mi depósito para aquel día.

Si eres un seguidor de Jesús, tienes un llamado sagrado. Se te ha confiado un mensaje de vida para que lo vivas y lo compartas con los demás, independientemente de cómo respondan. Reserva un tiempo para considerar este pasaje a fin de comprender el significado de cada frase y lo que significa para tu caminar con Jesús.

Luego escribe con tus propias palabras tu testimonio de por qué no te avergüenzas de servir a Jesús y por qué estás tan convencido de estar dispuesto a sufrir por el Evangelio de Cristo.

Considera el llamamiento que compartes con tus hermanos y hermanas en Cristo que son perseguidos y lo que soportan para vivir ese llamamiento. Como resultado de lo que has aprendido, ¿cómo puedes orar de manera ferviente y fiel por ellos?

Sesión 3

Gozo

Bienaventurados seréis cuando los hombres os aborrezcan, y cuando os aparten de sí, y os vituperen, y desechen vuestro nombre como malo, por causa del Hijo del Hombre. Gozaos en aquel día, y alegraos, porque he aquí vuestro galardón es grande en los cielos; porque así hacían sus padres con los profetas.

Lucas 6:22-23

Inicio de sesión

Cuando pensamos en palabras que describan a nuestra familia en Cristo que es perseguida, puede que "gozo" no esté en la parte superior de nuestra lista. Pero es una de las cualidades más asombrosas que vemos en muchos seguidores de Jesús que sufren persecución, y su gozo no debería sorprendernos. Después de todo, la Biblia nos dice que Jesús soportó la cruz con gozo porque sabía que su sacrificio nos permitiría vivir con Él para siempre. Jesús también enseñó a sus seguidores a regocijarse cuando otros los odiaron y maltrataron por la relación que tenían con Él.

El gozo es evidencia del Espíritu de Dios trabajando en la vida de un cristiano. Ciertamente, nuestros hermanos y hermanas en la fe preferirían no sufrir, y nos duele la dificultad y el abuso que enfrentan. Pero tener gozo mientras se sufre persecución es posible porque resistir la persecución por causa de Cristo se trata de mucho más que solo dolor y sufrimiento. ¡Estar gozoso en la persecución es participar en la obra redentora de Dios en la tierra y tener la esperanza de una gloriosa eternidad con Él!

Si nuestro gozo dependiera de las circunstancias de la vida que son cómodas y felices, estaremos en serios problemas cuando llegue la persecución. La Biblia claramente nos enseña a enfocarnos en una realidad que es más grande que nuestras circunstancias: "Si, pues, habéis resucitado con Cristo, buscad las cosas de arriba, donde está Cristo sentado a la diestra de Dios. Poned la mira en las cosas de arriba, no en las de la tierra" (Colosenses 3:1-2). Poner nuestra atención en Cristo y en lo que nos espera en la eternidad, nos llena de un gozo que no se puede contener, incluso cuando no tenemos motivos terrenales para estar alegres. Unámonos a nuestros hermanos y hermanas en Cristo perseguidos mientras encuentran vida y propósito en Dios en medio de circunstancias desesperadamente difíciles.

Oración

Amado Padre celestial, no es fácil para nosotros comprender la relación entre el gozo y la persecución. No son palabras que naturalmente expresemos juntas. Sin embargo, a menudo vemos gozo en nuestros hermanos y hermanas perseguidos, incluso mientras sufren una persecución dolorosa y desgarradora. Por eso, Señor, abre nuestros corazones y nuestras mentes para comprender la profundidad de tu amor por nosotros y para conocer la verdad de la esperanza eterna que tenemos en tu salvación. Enséñanos lo que significa vivir en el gozo de tu salvación sin importar las circunstancias que enfrentemos. En el precioso nombre de Jesús oramos, amén.

Análisis del video
Notas del video

> Conviértase al islam o nos llevaremos a sus hijos
> Me sentía temerosa por todo
> La palabra de Jesús es diferente
> El enemigo destruye; Jesús trae vida

Discusión sobre el video

1. Cuando consideramos las maneras en que muchos cristianos perseguidos pueden soportar su sufrimiento con valor e incluso con gozo, nos inclinamos a verlos como superhéroes que, de alguna manera, son inmunes al dolor de lo que están viviendo. ¿De qué manera la entrevista a la mujer con dos hijos te ayuda a darte cuenta del verdadero dolor y sufrimiento que está experimentando nuestra familia perseguida?

¿De qué manera esta mujer responde de forma similar o diferente a la forma en que tú podrías responder?

¿Qué piensas de ella y de los demás creyentes que forman parte de la tragedia humana en el Medio Oriente?

2. Cuando nos damos cuenta de que muchos de nuestros hermanos y hermanas perseguidos han lidiado con pérdidas tan dolorosas como las que ha experimentado esta mujer, y en algún momento tal vez nosotros nos hemos sentido igual que ella cuando fue entrevistada, ¿qué piensas acerca del hecho de que ellos pueden crecer teniendo paz, confianza y gozo en el Señor?

¿Qué crees que debe suceder para que la desesperación se trasforme en gozo?

3. Es tan impactante conocer la brutalidad de la persecución a la que se enfrenta nuestra familia cristiana en Siria e Irak, que podemos pasar por alto el panorama general de todo lo que se les ha quitado. A menudo han perdido miembros de la familia, en algunos casos a toda su familia. Han perdido todo (o casi todo) lo que alguna vez tuvieron. No tienen forma de obtener alimentos, refugio, medicamentos, ropa o educación para ellos mismos o para sus familias. Y no hay esperanza de que recuperen lo que han perdido o de que vuelvan a la vida que alguna vez tuvieron. No es una exageración decir: "Todos nuestros sueños están destruidos, todo en nuestra vida está destruido".

Cuando las personas enfrentan circunstancias tan graves como estas, ¿qué esperanza ofrece Jesús y por qué es tan importante esa esperanza?

¿Cuán esencial es tener una relación con Jesús cuando nos enfrentamos a circunstancias humanamente imposibles, y qué diferencia crea en nosotros esa relación?

¿Qué significa para ti cuando ves a tus compañeros creyentes enfrentar con gozo circunstancias tan difíciles y desear con fervor servir a Jesús fielmente?

¿Cómo te está ayudando tu familia perseguida a vivir la vida con la confianza de que Dios es fiel, que está presente y trabaja para el bien, sin importar cuál sea la situación que estés viviendo?

"Pensamos que los cristianos que viven en el semillero de Irak o Siria deben ser superhéroes cristianos. Pero no lo son. Son como yo. No se ponen una capa de superhéroe todos los días, pero Dios les da el valor para continuar compartiendo el Evangelio. Es increíblemente alentador para mí que yo no tengo que ser un superhéroe cristiano para compartir el Evangelio".

Olive S.

Perspectiva bíblica

Es profundamente preocupante considerar lo intenso de la brutalidad, el odio y la falta de respeto que ISIS y otros extremistas islámicos tienen por la vida de nuestros hermanos y hermanas en Cristo (así como por otros que no se someten al gobierno del islam). Es claro que el enemigo de Dios y de su pueblo está trabajando fuertemente para invalidar y destruir la confianza, la paz y el gozo de nuestra relación con Dios. Pero ese enemigo no tiene poder sobre Jesús, nuestro Salvador. Jesús ya lo ha derrotado y le ha dado a sus seguidores Su Espíritu y Su Palabra para que podamos saber cómo caminar fielmente con Él y experimentar el gozo de nuestra salvación, sin importar cuáles sean nuestras circunstancias.

1. ¿Qué quiere Jesús que experimentemos en nuestra relación con Él, y cómo es posible? "Como el Padre me ha amado, así también yo os he amado; permaneced en mi amor. Si guardareis mis mandamientos, permaneceréis en mi amor; así como yo he guardado los mandamientos de mi Padre, y permanezco en su amor. Estas cosas os he hablado, para que mi gozo esté en vosotros, y vuestro gozo sea cumplido" (Juan 15:9-11).

2. Desde una perspectiva humana, nuestra vida es definida por lo que adquirimos, lo que disfrutamos y por el poder que tenemos para controlar nuestras experiencias. En contraste, Romanos 14:17 nos dice cuál es la perspectiva de Dios: "Porque el reino de Dios no es comida ni bebida, sino justicia, paz y gozo en el Espíritu Santo".

¿Qué consuelo y aliento crees que esta declaración trae a nuestros hermanos y hermanas perseguidos que han perdido el control de todo lo que, al menos desde una perspectiva humana, es valioso en la vida?

Mientras has visto esta serie de videos, ¿de qué maneras has visto a tu familia en Cristo perseguida vivir los valores del reino de Dios?

3. En su carta de ánimo a los cristianos en Colosas, observa cómo Pablo no oró por su felicidad, consuelo o incluso por sus necesidades físicas: "Por lo cual también nosotros, desde el día que lo oímos, no cesamos de orar por vosotros, y de pedir que seáis llenos del conocimiento de su voluntad en toda sabiduría e inteligencia espiritual, para que andéis como es digno del Señor, agradándole en todo, llevando fruto en toda buena obra, y creciendo en el conocimiento de Dios; fortalecidos con todo poder, conforme a la potencia de su gloria, para toda paciencia y longanimidad" (Colosenses 1:9-11).

En lugar de consuelo material, ¿por qué cosas oró Pablo?

¿Por qué las cosas por las que Pablo oró son importantes para los cristianos que son perseguidos por su fe?

Recuerda a los cristianos perseguidos que se te han presentado en esta serie de videos. ¿Qué cosas por las que Pablo oró han demostrado ellos en su forma de vivir su compromiso con Cristo?

4. La segunda carta de Pablo a los cristianos en Corinto nos da una imagen de la paradoja del sufrimiento por Jesús, enfrentando un gran dolor y dificultad, pero al mismo tiempo teniendo esperanza y alegría en darlo a conocer fielmente.

a. Fíjate en la visión que 2 Corintios 4:7-11 proporciona: "Pero tenemos este tesoro en vasos de barro, para que la excelencia del poder sea de Dios, y no de nosotros, que estamos atribulados en todo, mas no angustiados; en apuros, mas no desesperados, perseguidos, mas no desamparados; derribados, pero no destruidos; llevando en el cuerpo siempre por todas partes la muerte de Jesús, para que también la vida de Jesús se manifieste en nuestros cuerpos. Porque nosotros que vivimos, siempre estamos entregados a muerte por causa de Jesús, para que también la vida de Jesús se manifieste en nuestra carne mortal".

¿De qué manera ves a nuestros hermanos y hermanas perseguidos en Irak demostrando el tesoro de la fe en Jesús de la manera que describe Pablo?

¿Qué piensas al considerar su fidelidad?

b. Pablo continúa enfatizando el tema de los contrastes extremos en 2 Corintios 6:8-10: "…como engañadores, pero veraces; como desconocidos, pero bien conocidos; como moribundos, mas he aquí vivimos; como castigados, mas no muertos; como entristecidos, mas siempre gozosos; como pobres, mas enriqueciendo a muchos; como no teniendo nada, mas poseyéndolo todo".

¿Qué tan bien describe esto las circunstancias y la fidelidad de nuestra familia perseguida en Irak?

Gozo

¿Qué descubres en este pasaje, y en el ejemplo de tu familia perseguida, acerca de caminar fielmente con Jesús a través de circunstancias opresivas?

5. No se puede negar que Dios está trabajando hoy en medio de gran inestabilidad, aflicción y persecución, redimiendo a los que están perdidos en el pecado. ¿De qué maneras ves que cumplen tus hermanos y hermanas en la iglesia perseguida 1 Tesalonicenses 1:5-6? "pues nuestro evangelio no llegó a vosotros en palabras solamente, sino también en poder, en el Espíritu Santo y en plena certidumbre, como bien sabéis cuáles fuimos entre vosotros por amor de vosotros. Y vosotros vinisteis a ser imitadores de nosotros y del Señor, recibiendo la palabra en medio de gran tribulación, con gozo del Espíritu Santo".

"Esta guerra es como una puñalada en el corazón de la iglesia. Ningún humano puede soportar ese sufrimiento. Pero existe la presencia de Dios. Puedo ver a Cristo en medio de la oscuridad".

Un contacto de *La Voz de los Mártires*, Siria

Nuestra reacción

El gozo en el Señor es un regalo de vida y un arma poderosa en manos de los creyentes que están dispuestos a soportar la persecución y renunciar a todo para amar, servir y obedecer a Jesús, nuestro

Salvador. La confianza en la presencia permanente de Dios con nosotros, la confianza de que está realizando su trabajo a través de nosotros y la certeza de que pasaremos la eternidad con Él, cambia nuestra perspectiva yendo de la desesperación a la esperanza. Vivir en el gozo de nuestro Señor derrota al enemigo que viene a matar, robar y destruir.

El apóstol Pablo fue perseguido en todos los lugares donde fue a compartir el Evangelio (golpeado, encarcelado y finalmente asesinado). Mientras tuvo aliento para continuar, lo soportó todo. Pero aún más sorprendente que su resistencia es el gozo que tuvo, incluso cuando sufrió mucho. En 2 Corintios 7:4,5 escribió: "…sobreabundo de gozo en todas nuestras tribulaciones… ningún reposo tuvo nuestro cuerpo, sino que en todo fuimos atribulados; de fuera, conflictos; de dentro, temores".

Con el mismo espíritu de obediencia fiel y con gozo, Pedro y otros apóstoles continuaron enseñando las buenas nuevas de Jesús, incluso cuando las autoridades les habían prohibido hacerlo. ¿Cuál fue su respuesta al ser encarcelados y golpeados? Cuando fueron liberados, se fueron, "…gozosos de haber sido tenidos por dignos de padecer afrenta por causa del Nombre [Jesús]" (Hechos 5:41).

¿De qué manera nuestros hermanos y hermanas perseguidos continúan demostrando con gozo el ejemplo de fidelidad de los apóstoles?

¿Cómo te ayuda su ejemplo para ver de una forma distinta el gozo en respuesta a la persecución?

Gozo

Todos los que siguen a Jesús son compañeros de aquellos que sufren por Su causa. Hebreos 10:32-34 nos recuerda esta unidad con nuestra familia perseguida: "Pero traed a la memoria los días pasados, en los cuales, después de haber sido iluminados, sostuvisteis gran combate de padecimientos; por una parte, ciertamente, con vituperios y tribulaciones fuisteis hechos espectáculo; y por otra, llegasteis a ser compañeros de los que estaban en una situación semejante. Porque de los presos también os compadecisteis, y el despojo de vuestros bienes sufristeis con gozo, sabiendo que tenéis en vosotros una mejor y perdurable herencia en los cielos".

¿Qué impacto han tenido en ti los creyentes que se te han presentado hasta ahora en este estudio? ¿Qué efecto han producido en cómo ves tus circunstancias? ¿Cómo han impactado la forma en que ves y experimentas el gozo en tu relación con Jesús?

Tenemos el privilegio de expresar compasión para nuestros hermanos y hermanas que enfrentan la recriminación y la aflicción de la persecución. ¿Cuáles son algunas de las maneras en que estarías dispuesto a colaborar con tu familia perseguida?

El profeta Habacuc sabía que se avecinaban tiempos difíciles. El pueblo de Dios tendría que soportar circunstancias difíciles, atemorizantes y dolorosas. "Aunque la higuera no florezca, ni en las vides haya frutos, aunque falte el producto del olivo, y los labrados no den mantenimiento, y las ovejas sean quitadas de la majada, y no haya vacas en los corrales; Con todo, yo me alegraré en Jehová, y me gozaré en el Dios de mi salvación" (Habacuc 3:17-18).

¿Qué elección crucial hizo Habacuc con respecto a lo que tenía por delante?

¿Por qué es importante para los creyentes hacer esa elección actualmente, particularmente cuando enfrentan persecución?

Oración de clausura

Unamos nuestros corazones ante Dios y oremos por el cuerpo de Cristo. Comencemos nuestra oración juntos, luego continuemos con oraciones individuales según Dios guíe a cada uno, hasta que todos participemos.

Amado Señor, venimos ante ti en necesidad. Necesitamos de tu presencia, tu fuerza y tu alegría. Que seamos fieles para mantenernos firmes por ti, para que nada nos robe el gozo que vence al enemigo que viene a matar, robar y destruir. Oramos por... [oraciones del grupo]... Gracias por el privilegio de estar con nuestra familia en Cristo perseguida ya que arriesgan todo para honrar tu nombre y compartir las buenas nuevas de Jesús a través de la Palabra y la acción. Que siempre seamos fieles. En el nombre de Jesús oramos, amén.

Próximos pasos
Restaurando nuestro gozo en el Señor

Todos nos enfrentamos a momentos en que las dificultades o el dolor nos abruman, cuando el diablo amenaza con destruir nuestro gozo. En esos momentos, la Palabra de Dios es una herramienta poderosa para mantenernos enfocados en lo que es verdadero, inmutable y vivificante. Cuando las dificultades que enfrentamos nos dejan desanimados y descorazonados, la Palabra de Dios nos recuerda lo que es verdadero y puede ayudar a restaurar nuestro gozo.

Para refrescar la memoria y recordar de dónde viene nuestro gozo y qué es lo que nos permite regocijarnos en todas las circunstancias, lee y medita en los siguientes pasajes de las Escrituras. Óralos para ti mismo, para tus seres queridos cuando sabes que están luchando, y para tu familia en Jesús perseguida, cuyo gozo el enemigo está tratando de robar.

Amados, no os sorprendáis del fuego de prueba que os ha sobrevenido, como si alguna cosa extraña os aconteciese, sino gozaos por cuanto sois participantes de los padecimientos de Cristo, para que también en la revelación de su gloria os gocéis con gran alegría (1 Pedro 4:12-13).

A Jehová he puesto siempre delante de mí;
Porque está a mi diestra, no seré conmovido.

Se alegró por tanto mi corazón, y se gozó mi alma;
Mi carne también reposará confiadamente;
Porque no dejarás mi alma en el Seol,
Ni permitirás que tu santo vea corrupción.

Me mostrarás la senda de la vida;
En tu presencia hay plenitud de gozo;
Delicias a tu diestra para siempre.
(Salmo 16:8-11).

Pero alégrense todos los que en ti confían;
Den voces de júbilo para siempre, porque tú
los defiendes;
En ti se regocijen los que aman tu nombre.
(Salmo 5:11).

Justificados, pues, por la fe, tenemos paz para con
Dios por medio de nuestro Señor Jesucristo;
por quien también tenemos entrada por la fe a
esta gracia en la cual estamos firmes, y nos
gloriamos en la esperanza de la gloria de Dios.
(Romanos 5:1-2).

Muchos dolores habrá para el impío;
Mas al que espera en Jehová, le rodea la
misericordia.
Alegraos en Jehová y gozaos, justos;
Y cantad con júbilo todos vosotros los rectos
de corazón.
(Salmo 32:10-11).

Y el Dios de esperanza os llene de todo gozo y paz en
el creer,
para que abundéis en esperanza por el poder
del Espíritu Santo.
(Romanos 15:13).

Sesión 4

Perseverancia

Y seréis aborrecidos de todos por causa de mi nombre; mas el que persevere hasta el fin, éste será salvo.

Marcos 13:13

Inicio de sesión

Diariamente en las comunidades de Irak y de otros países donde los extremistas islámicos ejercen el control, los seguidores de Jesús pagan un alto precio por perseverar en su fe. Soportan una intensa hostilidad, grandes dificultades, ataques brutales y pérdidas inimaginables porque se rehúsan a negar a Jesús. Ellos se mantienen firmes en su compromiso con su Señor y Salvador y, en medio de la abrumadora oposición, cumplen firmemente el propósito que Él tiene para sus vidas.

Perseverar o padecer por la causa de Jesucristo significa mantenerse firme y resistir cualquier oposición que se levante contra nosotros. La imagen que viene a la mente es la de una persona que se para firmemente, se inclina hacia al frente y resiste un viento fuerte, o quien resiste con firmeza la poderosa corriente de un río. No es algo que podamos hacer bien con nuestra propia fuerza.

Jesús sabía lo que sus seguidores enfrentarían en el futuro, por lo que mostró a sus discípulos la necesidad que tendrían de mantener una relación de entrega con Él. Él dijo: "Como el pámpano no puede llevar fruto por sí mismo, si no permanece en la vid, así tampoco vosotros, si no permanecéis en mí. Yo soy la vid, vosotros los pámpanos... separados de mí nada podéis hacer" (Juan 15:4-5).

Si nuestro propósito es ser seguidores de Jesús que se levantan y le sirven fielmente, nosotros también debemos permanecer en Él. Debemos estar fundamentados en la Palabra y en el carácter de Dios. Debemos aferrarnos a nuestra relación con Jesús, acercándonos cada vez más a Él a medida que aprendemos a caminar con Él por fe.

Los cristianos perseguidos que conoceremos hoy nos desafiarán a unirnos a ellos para mantenernos firmes por Dios y cumplir obedientemente Su propósito para nuestras vidas, sin importar el costo. La solidez de su relación con su Señor y Salvador les da el poder para perseverar, para "correr con paciencia la carrera que tenemos por delante" (Hebreos 12:1). Prestemos mucha atención a estos fieles creyentes cuyo ejemplo de fe y sólida relación con su Señor y Salvador puede tocar profundamente nuestras vidas.

Oración

Amado Señor, venimos ante ti buscando conocer mejor a nuestra familia perseguida y para aprender a caminar en tus caminos. Guíanos mientras miramos el video, profundizamos en tu Palabra y aprendemos cómo quieres que respondamos. Gracias por ser fiel para proporcionar todo lo que necesitamos para la vida y por la fuerza para perseverar en servirte. Estamos agradecidos por esta oportunidad de reunirnos sin la amenaza de ser arrestados, torturados o asesinados como lo es para muchos miembros de nuestra familia en la fe. En el nombre de Jesús oramos, amén.

Análisis del video
Notas del video

Personas comunes bajo ataque
Luchando por vivir con lo desconocido
La presencia de Jesús que cambia la vida
Capacitado para resistir hasta el final

Discusión sobre el video

1. Algunos de los cristianos que nos han sido presentados en estos videos son pastores, pero otros son personas sin puestos en una iglesia, dedicadas a ir al trabajo, cuidar a sus familias o asistir a la escuela a quienes la fuerte persecución cambió de repente todo en sus vidas.

¿Qué tan "preparados" crees que estaban para lo que les sucedió, y de qué manera lo que ellos vivieron te lleva a pensar en la fuerza de tu compromiso con Cristo y lo que se necesita para ser fiel a Él cuando llega persecución?

Estos cristianos no son nuevos en la persecución y el sufrimiento. Lo han estado enfrentando por bastante tiempo y no hay razón para esperar que termine pronto. Ellos están enfrentando una crisis a largo plazo, no solo un contratiempo temporal. ¿Cómo impacta esta realidad tu comprensión acerca de ellos, de su compromiso con Jesús y de las necesidades materiales y espirituales que ellos tienen?

2. ¿Qué dificultades has enfrentado durante los momentos de conmoción e incertidumbre en tu vida, y cuáles crees que serían tus mayores problemas si experimentaras la incertidumbre de no saber si tus seres queridos están vivos o muertos? ¿O si la gente que quiere hacerte daño te encontrara? ¿O si será satisfecha tu necesidad de comida y refugio para sobrevivir?

¿Cómo podrías perseverar bajo el tipo de amenazas y de la incertidumbre de las circunstancias que enfrenta nuestra familia en Cristo?

¿Cómo te han ayudado a entender tus hermanos y hermanas perseguidos acerca de lo que significa depender de Dios para perseverar una hora más, un día más, etc.?

3. Nuestra familia perseguida persevera no solo en el sentido de sobrevivir circunstancias difíciles momento a momento, sino que también persevera espiritualmente. ¿Qué observas acerca de la forma en que están creciendo en su relación y en su compromiso con Jesús?

4. Dos de las personas entrevistadas en este video hicieron lo mejor que pudieron para perseverar, pero llegaron a un punto en el que ya no pudieron hacerlo más: Safwan, porque él estaba casi muerto; y Ban, porque ella intentó suicidarse.

¿Qué hicieron por ellos las personas que reconocieron su desesperada condición y qué hizo Dios por ellos?

¿Cómo las cambió la intervención de Dios?

¿Qué pensamientos quedan en tu mente sobre la importancia de acercarse para ayudar a nuestra familia perseguida?

Los cristianos iraquíes perseveran

Desde el 2003, más de dos tercios de los 1.5 millones de cristianos que vivían en Irak han huido, emigrado, o han sido asesinados. Muchas familias han perdido a sus seres queridos. Algunas familias supieron cuándo murieron sus seres queridos y pudieron enterrarlos. Otras familias no tienen idea si sus seres queridos están muertos; ellos simplemente han desaparecido. Estas pérdidas son muy difíciles de soportar, pero nuestros hermanos cristianos perseveran.

El padre, los hermanos y la hermana de Inaam Isho Poulos, por ejemplo, vivían en Qaraqosh. Ahora viven temporalmente en una oficina vacía en Erbil. Saben lo que les sucedió a su amada hija y hermana. El día que se iba a comprometer para matrimonio, una granada de ISIS mató a la mujer de treinta y seis años de edad y a dos niños del vecindario.

La familia de Inaam reconoce que su trágica muerte no fue en vano. El ataque con la granada provocó un éxodo desde la ciudad el cual, según su hermana, "comenzó justo a tiempo, pues miles de personas fueron rescatadas por su muerte". Muchas mujeres, que de otro modo podrían haber sido capturadas por ISIS, pudieron escapar.

Después del ataque, las campanas de la iglesia en la llanura de Nínive sonaron para advertir a la gente. Después de esa noche, cuando los cristianos habían huido, las campanas de la iglesia dejaron de sonar. Por primera vez en mil seiscientos años, se callaron.

Pero nuestros hermanos y hermanas cristianos en Irak no se han rendido. Abuna Mazen Ishoa, quien anteriormente pastoreaba una iglesia en Qaraqosh, no sabe si alguna vez podrá regresar a esa ciudad. Incluso antes de que ISIS tomara el control del norte de Irak, los extremistas islámicos lo habían secuestrado y mantenido cautivo durante una semana. También habían asesinado a su padre y hermanos en su propia casa.

A pesar de la oposición, Abuna cree que Dios está trabajando y que abrirá un camino para su pueblo. Por ahora, Abuna brinda apoyo espiritual a los cristianos desplazados que acampan en Erbil y espera en el futuro administrar un monasterio en Irak. "Sí —dice—, ¡aquí en Irak! ¡El cristianismo permanecerá aquí!".

Perspectiva bíblica

En el mundo musulmán, nuestra familia en Cristo ha perseverado durante mucho tiempo. En algunas zonas la persecución es principalmente de naturaleza social o económica, se les niega la justicia o el empleo y son excluidos de sus viviendas o de oportunidades educativas. En otras zonas, los extremistas islámicos han tenido libertad para atacar, secuestrar o matar cristianos como lo deseen. Es por eso que es extraordinario el ejemplo que nos dan nuestros hermanos y hermanas en Cristo sobre lo que significa perseverar mientras se soporta la persecución.

Es sorprendente su compromiso para participar en el campo de la batalla espiritual. Ellos no se sientan sombríamente al margen, apenas soportando hasta que las circunstancias mejoren. Todo lo contrario: tienen la intención no solo de caminar con Dios, sino también de servirle y compartir con entusiasmo el mensaje del Evangelio con las personas que viven en la oscuridad espiritual. Veamos qué visión da la Biblia acerca de lo que motiva y permite a los seguidores de Jesús perseverar con un celo imparable por el Señor.

1. Jesús fue perseguido y finalmente asesinado por proclamar su mensaje de vida al mundo en el que vivía. En una ocasión dijo: "Yo soy el camino, y la verdad, y la vida" (Juan 14:6). En otra, él dijo: "De cierto, de cierto os digo: El que oye mi palabra, y cree al que me envió, tiene vida eterna; y no vendrá a condenación, mas ha pasado de muerte a vida" (Juan 5:24).

¿Hasta qué punto crees que consideramos que hablarle a otros sobre el mensaje de Jesús, literalmente les trae palabras de vida?

¿Cómo afecta nuestra perspectiva a nuestro compromiso y entusiasmo en compartir el Evangelio?

2. Un ejemplo de cómo los apóstoles soportaron la persecución y continuaron con empeño enseñando de la manera en que Dios los había instruido se encuentra en Hechos 5:17-21: "Entonces levantándose el sumo sacerdote y todos los que estaban con él, esto es, la secta de los saduceos, se llenaron de celos; y echaron mano a los apóstoles y los pusieron en la cárcel pública. Mas un ángel del Señor, abriendo de noche las puertas de la cárcel y sacándolos, dijo: Id, y puestos en pie en el templo, anunciad al pueblo todas las palabras de esta vida. Habiendo oído esto, entraron de mañana en el templo, y enseñaban".

¿Qué convicción fue mucho mayor en los corazones y en las mentes de los apóstoles que la amenaza de persecución?

¿Cuán importante parece ser esta convicción en los corazones y en las mentes de nuestros hermanos y hermanas cristianos que ministran entre aquellos que han sido desplazados por el avance de los extremistas islámicos?

3. No es fácil perseverar y ser espiritualmente fructífero cuando nos enfrentamos a la incertidumbre y a las luchas de la vida diaria como cristiano perseguido. Sin embargo, algunos de nuestros compañeros creyentes parecen no verse afectados por el caos. ¿Qué dice Jesús que es necesario para que nosotros, sus seguidores, seamos espiritualmente fructíferos en nuestro caminar con Dios, sin importar cuáles sean nuestras circunstancias? "Permaneced en mí, y yo en vosotros. Como el pámpano no puede llevar fruto por sí mismo, si no permanece en la vid, así tampoco vosotros, si no permanecéis en mí. Yo

Perseverancia

soy la vid, vosotros los pámpanos; el que permanece en mí, y yo en él, éste lleva mucho fruto; porque separados de mí nada podéis hacer" (Juan 15:4-5).

4. Al escribir cartas de instrucción y ánimo para las primeras iglesias, el apóstol Pablo usó el lenguaje de la competencia atlética para describir la mentalidad necesaria para perseverar espiritualmente. Consideremos cómo sus instrucciones pueden mantenernos en el camino para cumplir el propósito de Dios para nosotros.

a. "Corramos con paciencia la carrera que tenemos por delante, puestos los ojos en Jesús, el autor y consumador de la fe, el cual por el gozo puesto delante de él sufrió la cruz, menospreciando el oprobio, y se sentó a la diestra del trono de Dios" (Hebreos 12:1-2).

¿Dónde debe estar nuestro enfoque si queremos "correr" bien, y por qué?

b. "¿No sabéis que los que corren en el estadio, todos a la verdad corren, pero uno solo se lleva el premio? Corred de tal manera que lo obtengáis. Todo aquel que lucha, de todo se abstiene; ellos, a la verdad, para recibir una corona corruptible, pero nosotros, una incorruptible. Así que, yo de esta manera corro, no como a la ventura; de esta manera peleo, no como quien golpea el aire, sino que golpeo mi cuerpo, y lo pongo en servidumbre, no sea que habiendo sido heraldo para otros, yo mismo venga a ser eliminado" (1 Corintios 9:24-27).

¿Qué disciplinas espirituales crees que son necesarias para mantener el autocontrol para que no corramos sin rumbo?

c. "Pero una cosa hago: olvidando ciertamente lo que queda atrás, y extendiéndome a lo que está delante, prosigo a la meta, al premio del supremo llamamiento de Dios en Cristo Jesús" (Filipenses 3:13-14).

¿Qué tan duro estamos dispuestos a trabajar para perseverar hasta el final?

5. ¿Qué seguridad tenemos de que esa fidelidad es relevante al compartir las palabras de vida de Jesús con aquellos que no lo conocen, y por qué esa seguridad es importante para nosotros? "Así que… estad firmes y constantes, creciendo en la obra del Señor siempre, sabiendo que vuestro trabajo en el Señor no es en vano" (1 Corintios 15:58).

6. No hay duda de que el apóstol Pablo fue perseguido implacablemente, y a pesar de todo siguió siendo un fiel servidor del Señor. En su carta final a Timoteo, su colaborador en el ministerio, Pablo escribe: "Porque yo ya estoy para ser sacrificado, y el tiempo de mi partida está cercano. He peleado la buena batalla, he acabado la carrera, he guardado la fe. Por lo demás, me está guardada la corona de justicia, la cual me dará el Señor, juez justo, en aquel día; y no sólo a mí, sino también a todos los que aman su venida" (2 Timoteo 4:6-8).

¿Qué ejemplo nos ha dado nuestra familia perseguida en Irak sobre este tipo de perseverancia espiritual?

¿De qué manera su ejemplo nos insta a perseverar fielmente?

"Los cristianos somos la base que sostiene a Irak. Necesitamos compartir el amor de Jesús con todos. Si hay un lugar sin el amor de Jesús, será un lugar muy oscuro y allí no habrá paz ni esperanza."

Lina, Irak

Nuestra reacción

El agresivo crecimiento de ISIS desde el 2014 ciertamente ha intensificado a una escala masiva y sin precedentes la persecución de nuestros hermanos y hermanas cristianos en Siria e Irak. No hay razón para esperar un pronto final de su sufrimiento, pero hay gran esperanza y exhortación para ser hallados en la manera en que ellos perseveran en su sufrimiento. Debido a que estos creyentes son nuestra familia y nuestros compañeros en el ministerio, debemos preguntarnos cuál podría ser nuestro papel en apoyarlos y servirles. Hechos 11:19-23 describe una situación similar a lo que está sucediendo en Irak y Siria hoy.

> Ahora bien, los que habían sido esparcidos a causa de la persecución que hubo con motivo de Esteban, pasaron hasta Fenicia, Chipre y Antioquía, no hablando a nadie la palabra, sino sólo a los judíos. Pero había entre ellos unos varones de Chipre y de Cirene, los cuales, cuando entraron en Antioquía, hablaron también a los griegos, anunciando el

evangelio del Señor Jesús. Y la mano del Señor estaba con ellos, y gran número creyó y se convirtió al Señor. Llegó la noticia de estas cosas a oídos de la iglesia que estaba en Jerusalén; y enviaron a Bernabé que fuese hasta Antioquía. Este, cuando llegó, y vio la gracia de Dios, se regocijó, y exhortó a todos a que con propósito de corazón permaneciesen fieles al Señor.

¿De qué maneras la situación que enfrentaron los primeros cristianos es similar a lo que está sucediendo entre los refugiados cristianos que están siendo dispersados por el avance de ISIS?

Al igual que durante los días de la iglesia primitiva, muchos de los que están siendo perseguidos no se desaniman en su misión de proclamar fielmente el Evangelio de Cristo. ¿Quiénes son hoy los creyentes perseguidos que están alcanzando a otros con el Evangelio?

¿Cuál es tu reacción a su fidelidad en proclamar el Evangelio, y cómo lo expresarás a tu familia perseguida y a Dios?

El apóstol Pablo estaba dispuesto a pagar cualquier precio personal para obedecer a Cristo compartiendo el Evangelio, y sabía que Dios le proporcionaría la fuerza para soportar. Sin embargo, en Filipenses 4:11-14, vemos cuánto significaba para él el apoyo de su familia en Cristo: "No lo digo porque tenga escasez, pues he aprendido a contentarme, cualquiera que sea mi situación. Sé vivir humildemente, y sé tener abundancia; en todo y por todo estoy

Perseverancia

enseñado, así para estar saciado como para tener hambre, así para tener abundancia como para padecer necesidad. Todo lo puedo en Cristo que me fortalece. Sin embargo, bien hicisteis en participar conmigo en mi tribulación".

¿Qué crees que significa para nuestros hermanos y hermanas perseguidos saber que son recordados por su familia cristiana en todo el mundo?

¿De qué maneras estás dispuesto a compartir los problemas de tu familia en Cristo y expresar la bondad de Dios al apoyarlos y servirlos?

Siempre podemos orar por las necesidades físicas —protección y provisión— de nuestra familia en Cristo perseguida, pero a veces puede ser difícil saber cómo orar por sus necesidades espirituales —por su fe y ministerio. Colosenses 1:9-14 nos ayuda a dar una respuesta de apoyo a las necesidades de nuestros hermanos y hermanas mientras soportan la persecución:

> Por lo cual también nosotros, desde el día que lo oímos, no cesamos de orar por vosotros, y de pedir que seáis llenos del conocimiento de su voluntad en toda sabiduría e inteligencia espiritual, para que andéis como es digno del Señor, agradándole en todo, llevando fruto en toda buena obra, y creciendo en el conocimiento de Dios; fortalecidos con todo poder, conforme a la potencia de su gloria, para toda paciencia y longanimidad; con gozo dando gracias

> al Padre que nos hizo aptos para participar de la herencia de los santos en luz; el cual nos ha librado de la potestad de las tinieblas, y trasladado al reino de su amado Hijo, en quien tenemos redención por su sangre, el perdón de pecados.

De acuerdo con este texto bíblico, ¿cuáles son las necesidades específicas por las que podemos orar a favor de nuestros hermanos y hermanas perseguidos en Irak?

Por lo que has visto de sus necesidades y su sincero deseo de servir al Señor, ¿qué diferencia podrían hacer tus oraciones en sus vidas y en su ministerio?

¿Qué tan ansioso estás de participar con ellos en oración mientras sirven a Dios, y de qué otra manera podrías apoyarlos y compartir la obra que Dios está logrando a través de ellos?

Oración de Clausura

Cerremos nuestro tiempo juntos con una oración.

Gracias, Señor Jesús, porque nuestros hermanos y hermanas cristianos que sufren persecución te eligieron por encima de todo. Te agradecemos que aunque duras, dolorosas e inciertas son sus circunstancias, ellos están dispuestos a renunciar a todo para proclamarte como su Salvador y Señor. Bendícelos con tu presencia y provisión en medio de la tormenta. Protégelos de quienes quieran silenciarlos. Abre nuestros corazones para saber de qué manera podemos acompañarlos, apoyarlos y animarlos. Y, Señor, cualquier persecución que nos depare, que seamos fieles para elegirte y perseverar hasta el final. En tu precioso nombre oramos, amén.

Próximos pasos
Las prácticas y actitudes de la perseverancia

Es imposible padecer y perseverar a través de la persecución como siervos de Cristo valientes, fieles, gozosos y perdonadores, si tratamos de hacerlo con nuestras propias fuerzas. La única forma de sobrevivir a las dificultades y a la vez ser fructífero en cumplir el propósito de Dios para nuestras vidas, es participando en una relación de vida con Jesús. Para tener esa relación, debemos estar íntimamente arraigados en lo que la Biblia revela sobre Su carácter y Sus enseñanzas.

En cierto sentido, toda la Biblia nos enseña cómo perseverar en la fe a largo plazo. Nos ayuda a conocer el carácter de Dios y acercarnos a Él. Nos proporciona una guía confiable sobre cómo vivir en obediencia. Nos enseña lo que le da honor a Su nombre. Nos entrena para discernir lo que es de Dios y, por lo tanto, valioso y lo que no lo es. Nos da esperanza para el futuro. Al leer los siguientes textos bíblicos, considera no solo las formas en que nuestra familia en Cristo perseguida vive estas prácticas y actitudes, sino también cómo podemos crecer en estas cualidades para vivir también fielmente para Jesús.

El discípulo Pedro fue un apasionado seguidor de Jesús. Aprendió de la manera difícil lo que exige ser fiel a Jesús bajo la amenaza de persecución (Recuerda, Pedro negó a Jesús la noche en que Él fue traicionado). En 2 Pedro 1:5-10 escribe:

Vosotros también, poniendo toda diligencia por esto mismo, añadid a vuestra fe virtud; a la virtud, conocimiento; al conocimiento, dominio propio; al dominio propio, paciencia; a la paciencia, piedad; a la piedad, afecto fraternal; y al afecto fraternal, amor. Porque si estas cosas están en vosotros, y abundan, no os dejarán estar ociosos ni sin fruto en cuanto al conocimiento de nuestro Señor Jesucristo. Pero el que no tiene estas cosas tiene la vista muy corta; es ciego, habiendo olvidado la purificación de sus antiguos pecados. Por lo cual, hermanos, tanto más procurad hacer firme vuestra vocación y elección; porque haciendo estas cosas, no caeréis jamás.

Si desarrollamos las cualidades que Pedro describe, ¿cuál será el resultado?

¿Cuánto deseas que se cumpla en ti la promesa de una vida fructífera en Jesús, y qué pasos tomarás para seguirla?

Una de las cualidades asombrosas que vemos en muchos de nuestros hermanos y hermanas en Cristo perseguidos es su pasión y su gozo mientras buscan cumplir el llamado de Dios y llevan las noticias de salvación a las personas que lo necesitan. ¿Qué tipo de personas nos dice Tito que Dios necesita para realizar Su trabajo, y cómo podemos llegar a serlo?

Perseverancia

Porque la gracia de Dios se ha manifestado para salvación a todos los hombres, enseñándonos que, renunciando a la impiedad y a los deseos mundanos, vivamos en este siglo sobria, justa y piadosamente, aguardando la esperanza bienaventurada y la manifestación gloriosa de nuestro gran Dios y Salvador Jesucristo, quien se dio a sí mismo por nosotros para redimirnos de toda iniquidad y purificar para sí un pueblo propio, celoso de buenas obras. (Tito 2:11-14).

Todos nacemos en pecado, y ninguno de nosotros tiene naturalmente lo que Dios llama un "corazón puro". Sin embargo, Dios redime nuestros corazones y nos hace aptos para servirle. A pesar de ello, si queremos perseverar, debemos perseguir Su justicia: "Huye también de las pasiones juveniles, y sigue la justicia, la fe, el amor y la paz, con los que de corazón limpio invocan al Señor" (2 Timoteo 2:22).

Mientras lees los siguientes pasajes, considera la obra que Dios quiere realizar en tu corazón y en tu vida. Escribe para ti mismo las cosas que debes perseguir y las cosas que debes "dejar" para perseverar y ser un testigo fructífero del Evangelio. Considera también el ministerio de tu familia en Cristo perseguida y cuán rápido el mensaje del Evangelio podría silenciarse si no son fieles para obedecerlo de todo corazón.

Amados, yo os ruego como a extranjeros y peregrinos, que os abstengáis de los deseos carnales que batallan contra el alma (1 Pedro 2:11).

En cuanto a la pasada manera de vivir, despojaos del viejo hombre, que está viciado conforme a los deseos engañosos, y renovaos en el espíritu de vuestra mente, y vestíos del nuevo hombre, creado según Dios en la justicia y santidad de la verdad (Efesios 4:22-24).

Haced morir, pues, lo terrenal en vosotros: fornicación, impureza, pasiones desordenadas, malos deseos y avaricia, que es idolatría; cosas por las cuales la ira de Dios viene sobre los hijos de desobediencia, en las cuales vosotros también anduvisteis en otro tiempo cuando vivíais en ellas. Pero ahora dejad también vosotros todas estas cosas: ira, enojo, malicia, blasfemia, palabras deshonestas de vuestra boca. No mintáis los unos a los otros, habiéndoos despojado del viejo hombre con sus hechos, y revestido del nuevo, el cual conforme a la imagen del que lo creó se va renovando hasta el conocimiento pleno (Colosenses 3:5-10).

Perseverancia

No os conforméis a este siglo, sino transformaos por medio de la renovación de vuestro entendimiento, para que comprobéis cuál sea la buena voluntad de Dios, agradable y perfecta (Romanos 12:2).

Es importante recordar que no perseveramos solos. Cada uno de nosotros persevera por el único Señor, por un mismo llamado, y juntos perseveramos para compartir las buenas nuevas del reino de Dios. Por esa razón, la forma en que perseveramos, servimos y ministramos, y la forma en que nos tratamos unos a otros, impacta a otros miembros de nuestra familia en Cristo. Pablo, en Colosenses 3:14-17, nos exhorta: "Y sobre todas estas cosas vestíos de amor, que es el vínculo perfecto. Y la paz de Dios gobierne en vuestros corazones, a la que asimismo fuisteis llamados en un solo cuerpo; y sed agradecidos. La palabra de Cristo more en abundancia en vosotros, enseñándoos y exhortándoos unos a otros en toda sabiduría, cantando con gracia en vuestros corazones al Señor con salmos e himnos y cánticos espirituales. Y todo lo que hacéis, sea de palabra o de hecho, hacedlo todo en el nombre del Señor Jesús, dando gracias a Dios Padre por medio de él".

¿Qué diferencia existe cuando los creyentes expresan amor mutuo en el cuerpo de Cristo, especialmente hacia los miembros que están sufriendo persecución, y cómo has visto esto demostrado en la serie de videos?

¿Cuál es tu deseo y compromiso para "vestirte de amor" y animar a tu familia en Jesús que es perseguida?

Por encima de todo, 1 Crónicas 16:11 nos dice: "Buscad a Jehová y su poder; buscad su rostro continuamente".

Sesión 5

Perdón

Soportándoos unos a otros, y perdonándoos unos a otros si alguno tuviere queja contra otro. De la manera que Cristo os perdonó, así también hacedlo vosotros.

Colosenses 3:13

Inicio de sesión

El trauma y la violencia que sufren nuestros hermanos y hermanas en Cristo debido a su fe en Jesús provocan muchas reacciones poderosas. Nos damos cuenta de la pena y el dolor. Reaccionamos ante la injusticia con indignación e ira. Tenemos pensamientos de represalia y venganza. Y Dios entiende estas reacciones. Su corazón también está afligido. Su justa ira arde. Como soberano Señor del universo, responsabiliza a los que hacen el mal.

Pero sobre todo, Dios ama. Él ama a sus hijos perseguidos, y ama a los que los persiguen. El corazón de amor de Dios anhela que todos los que desprecian a los seguidores de Jesús se alejen del mal y acepten su regalo de perdón y vida eterna.

¿Cómo es que los que persiguen a los cristianos descubrirán el amor de Dios? ¡Lo descubren cuando las mismas personas a las que persiguen extienden el sincero amor y perdón de Dios hacia ellos! No es fácil para un cristiano que sufre darse la vuelta y amar a la persona que le ha causado tanto dolor. De hecho, ese tipo de perdón es humanamente atípico. Sin la intervención de Dios en nuestro corazón y nuestra mente, es imposible.

Jesús ha ordenado a todos los que lo seguimos que amemos a nuestros enemigos y bendigamos a las personas que nos hacen daño. A medida que nuestros hermanos y hermanas perseguidos eligen obedecer este mandato y crecer en su relación con Dios, Él realiza un milagro en sus corazones. Ellos comienzan a ver a sus acosadores a través de los ojos de Dios. Se desarrolla un deseo de perdonar con el amor y la compasión que Jesús expresó cuando Él murió en la cruz orando: "Padre, perdónalos, porque no saben lo que hacen" (Lucas 23:34).

Los cristianos perseguidos que conoceremos en este video expresan un amor increíble hacia aquellos que los han oprimido y hacia quienes los han maltratado. No importa cuánto hayan sufrido, ellos han elegido perdonar a sus perseguidores en lugar de odiarlos porque saben que esto es lo que Dios desea. Quieren compartir con ellos el regalo de Dios de la vida eterna. ¿Qué podemos aprender sobre el amor y el perdón de Dios de nuestra familia en Jesús perseguida?

Oración

Amado Señor, el perdón no es fácil para nosotros. Con demasiada frecuencia respondemos con enojo o tomamos represalias en lugar de permitirte sanar nuestros corazones heridos y desarrollar una actitud de amor y perdón dentro de nosotros. Somos culpables de aceptar el perdón que tú nos ofreces, y al mismo tiempo de negar el perdón a quienes nos han perjudicado. Te pedimos que nos enseñes a caminar en tu amor y a perdonar a los demás como tú nos has perdonado. Que nuestros corazones estén abiertos a lo que quieres que aprendamos mientras vemos cómo nuestra familia perseguida en Cristo recorre tu camino del perdón. En el nombre de Jesús oramos, amén.

Análisis del video
Notas del video

Perseguidos por su fe en Cristo
Nacidos en una religión
Un pacto de muerte se convierte en un milagro
Descubriendo al Dios de amor
Perdónalos, porque no saben lo que hacen

Discusión sobre el video

1. Como occidentales, no entendemos fácilmente el papel esencial que juega la religión en la cultura del Medio Oriente y en la identidad de una persona. Tampoco entendemos lo fija que es su afiliación religiosa. ¿De qué manera el video te ayudó a comprender mejor la intensa crisis que el extremismo islámico está creando hoy en la cultura musulmana, tanto para aquellos que intentan destruir cualquier amenaza percibida para su religión como para aquellos que se sorprenden al descubrir que el islam no es lo que pensaron que era?

2. Cuando Padina describió cuán arduamente había intentado adherirse a las reglas del islam con exactitud, y aun así se sintió vacía, desesperada y distante de Alá, ¿cuáles fueron tus pensamientos y sentimientos hacia ella?

¿En qué te ayudó su historia para saber algo que no sabías antes acerca del islam?

¿Qué idea obtuviste de lo difícil que es para un musulmán siquiera considerar aceptar otra religión?

3. Desde una perspectiva humana, es fácil responder a la violencia y al asesinato cometido en nombre de Alá con ira y venganza. Sin embargo, esto no es lo que hemos visto en los corazones de los cristianos perseguidos entrevistados en esta serie de videos.

¿Qué te sorprendió de cuánto quiere tu familia perseguida que sus perseguidores conozcan a Jesús, reciban perdón por sus pecados y obtengan la promesa de la vida eterna?

¿Qué motiva y permite a nuestros hermanos perseguidos a amar y a perdonar a quienes los han perseguido?

4. ¿Qué impacto tiene en ti el amor que estos cristianos expresan por sus perseguidores musulmanes: su genuino deseo de perdonar, su comprensión de que aquellos que los lastiman no saben lo que están haciendo, y su anhelo de que los musulmanes tengan vida eterna?

¿Crees que podrías reaccionar como ellos lo hacen si te colocas en situaciones similares? ¿Por qué sí o por qué no?

Perspectiva bíblica

Amor. Compasión. Amabilidad. Paz. Perdón. Casi nunca usamos estas palabras para describir nuestros sentimientos hacia quienes nos odian y nos persiguen a causa de nuestra fe en Jesús. Sin embargo, una y otra vez estas palabras expresan con precisión lo que nuestros hermanos y hermanas perseguidos en Irak sienten hacia sus perseguidores. ¿Qué hace posible tal amor y perdón? Comienza con una comprensión de lo que la Biblia revela sobre la perspectiva de Dios de perdonar a quienes nos persiguen.

1. El perdón es un acto de amor, y no es una respuesta humana natural a la persecución. Sin embargo, el perdón está profundamente enraizado en el amor y el carácter de Dios. Considera las siguientes breves descripciones del perdón de Dios:

> Porque tú, Señor, eres bueno y perdonador,
> Y grande en misericordia para con todos los
> que te invocan (Salmo 86:5).

> Pero tú eres Dios que perdonas, clemente y piadoso, tardo para la ira, y grande en misericordia (Nehemías 9:17).

Si confesamos nuestros pecados, él es fiel y justo para perdonar nuestros pecados, y limpiarnos de toda maldad (1 Juan 1:9).

Según las descripciones del carácter de Dios, ¿a quién excluiría Él de recibir Su perdón?

¿Qué cualidades de Su amor y perdón crees que Dios desea que imiten de Él sus seguidores?

2. En el salmo profético de Isaías sobre Jesús, él retrata a un hombre perseguido y afligido para que otros puedan ser perdonados. Mientras leemos Isaías 53:3-10, 12, piensa no solo en lo que Jesús sufrió en nuestro nombre, sino también en el ejemplo de amor, compasión, sacrificio personal y perdón que nos da a seguir mientras caminamos con Él.

> Despreciado y desechado entre los hombres, varón de dolores, experimentado en quebranto; y como que escondimos de él el rostro, fue menospreciado, y no lo estimamos.
>
> Ciertamente llevó Él nuestras enfermedades, y sufrió nuestros dolores; y nosotros le tuvimos por azotado, por herido de Dios y abatido.

Perdón

Mas Él herido fue por nuestras rebeliones, molido por nuestros pecados; el castigo de nuestra paz fue sobre Él, y por su llaga fuimos nosotros curados.

Todos nosotros nos descarriamos como ovejas, cada cual se apartó por su camino; mas Jehová cargó en Él el pecado de todos nosotros.

Angustiado Él, y afligido, no abrió su boca; como cordero fue llevado al matadero; y como oveja delante de sus trasquiladores, enmudeció, y no abrió su boca.

Por cárcel y por juicio fue quitado; y su generación, ¿quién la contará? Porque fue cortado de la tierra de los vivientes, y por la rebelión de mi pueblo fue herido.

Y se dispuso con los impíos su sepultura, mas con los ricos fue en su muerte; aunque nunca hizo maldad, ni hubo engaño en su boca.

Con todo eso, Jehová quiso quebrantarlo, sujetándole a padecimiento. Cuando haya puesto su vida en expiación por el pecado,

...por cuanto derramó su vida hasta la muerte, y fue contado con los pecadores, habiendo él llevado el pecado de muchos, y orado por los transgresores.

En respuesta a todo lo que sufrió, incluso la muerte en la cruz, Jesús dijo: "Padre, perdónalos, porque no saben lo que hacen" (Lucas 23:34).

¿Qué significa para ti el que Jesús estuviera dispuesto a sufrir todo esto para que tú pudieras ser perdonado?

¿De qué manera el sufrimiento que experimentan nuestros hermanos y hermanas perseguidos actualmente, repite el sufrimiento que Jesús padeció a favor nuestro? Señala algunos ejemplos específicos.

¿Qué impacto crees que tenga el sufrimiento que los cristianos perseguidos comparten con Jesús en la relación que tienen con Él?

¿Qué tan dispuestos estamos, como cristianos, a mostrar el amor y el perdón de Jesús a nuestros perseguidores extendiéndoles el perdón que hemos recibido de Jesús?

3. Si queremos que quienes nos ven como sus enemigos estén seguros de que los amamos y los perdonamos, nuestro comportamiento hacia ellos debe ser dirigido por el Espíritu de Dios, no por nuestras

emociones humanas. En Lucas 6:27-36, Jesús nos enseñó cómo responder a las personas que consideran que los seguidores de Jesús son sus enemigos:

> Pero a vosotros los que oís, os digo: Amad a vuestros enemigos, haced bien a los que os aborrecen; bendecid a los que os maldicen, y orad por los que os calumnian. Al que te hiera en una mejilla, preséntale también la otra; y al que te quite la capa, ni aun la túnica le niegues. A cualquiera que te pida, dale; y al que tome lo que es tuyo, no pidas que te lo devuelva. Y como queréis que hagan los hombres con vosotros, así también haced vosotros con ellos. Porque si amáis a los que os aman, ¿qué mérito tenéis? Porque también los pecadores aman a los que los aman. Y si hacéis bien a los que os hacen bien, ¿qué mérito tenéis? Porque también los pecadores hacen lo mismo. Y si prestáis a aquellos de quienes esperáis recibir, ¿qué mérito tenéis? Porque también los pecadores prestan a los pecadores, para recibir otro tanto. Amad, pues, a vuestros enemigos, y haced bien, y prestad, no esperando de ello nada; y será vuestro galardón grande, y seréis hijos del Altísimo; porque él es benigno para con los ingratos y malos. Sed, pues, misericordiosos, como también vuestro Padre es misericordioso.

a. ¿Qué actitudes y comportamientos específicos quiere Jesús que tengamos con aquellos que nos tratan como sus enemigos?

Escríbelos y analiza el impacto que crees que tales actitudes y comportamientos pueden tener en las personas que nos odian porque seguimos a Jesús.

¿De qué maneras hemos visto estas actitudes y comportamientos demostrados por nuestros hermanos y hermanas perseguidos en Irak?

¿De qué maneras podríamos demostrar en nuestra comunidad estas actitudes y comportamientos hacia las personas que odian lo que representamos?

b. ¿Por qué es importante que amemos a nuestros enemigos y demostremos misericordia (a quién estamos representando)?

4. El deseo de Dios de que perdonemos a los demás no es solamente una buena idea. No es una sugerencia. En Marcos 11:25 Jesús dice: "Y cuando estéis orando, perdonad, si tenéis algo contra alguno, para que también vuestro Padre que está en los cielos os perdone a vosotros vuestras ofensas". Y en Mateo 6:12-15 Él dijo: "Y perdónanos nuestras deudas, como también nosotros perdonamos a nuestros deudores. Y no nos metas en tentación, mas líbranos del mal... Porque si perdonáis a los hombres sus ofensas, os perdonará también a vosotros vuestro Padre celestial; mas si no perdonáis a los hombres sus ofensas, tampoco vuestro Padre os perdonará vuestras ofensas".

Perdón

¿Qué impacto tiene el mandato de Jesús de perdonar sobre nuestra salud espiritual y crecimiento espiritual?

¿Qué cambios podríamos necesitar hacer en la forma en que vivimos nuestra fe, para poner al perdón en el lugar que le corresponde?

5. Colosenses 3:12-13 presenta las cualidades y acciones que deberían caracterizar nuestra interacción con los demás para que reflejemos con precisión nuestra identidad como pueblo de Dios: "Vestíos, pues, como escogidos de Dios, santos y amados, de entrañable misericordia, de benignidad, de humildad, de mansedumbre, de paciencia; soportándoos unos a otros, y perdonándoos unos a otros si alguno tuviere queja contra otro. De la manera que Cristo os perdonó, así también hacedlo vosotros".

¿Qué impacto pueden tener esas actitudes y comportamientos en las personas, incluso en aquellas que nos desprecian?

¿Por qué crees que es importante para nosotros, como seguidores de Jesús, conducir nuestras relaciones como lo describe la Biblia, especialmente cuando nos enfrentamos a personas que se oponen a nuestra fe?

"Fue en prisión donde encontramos la esperanza de salvación para los comunistas. Fue allí donde desarrollamos un sentido de responsabilidad hacia ellos. Fue cuando ellos nos torturaron que aprendimos a amarlos".

Richard Wurmbrand,
Fundador de La Voz de los Mártires

Nuestra reacción

A través de estas series de estudio, hemos visto lo importante que es orar por nuestros hermanos y hermanas en Cristo que son perseguidos. Ellos necesitan nuestras oraciones por protección, provisión, valor, fidelidad, aliento y un fuerte sentido de comunión con Dios. Sin disminuir nuestra responsabilidad de apoyar y orar por nuestra familia perseguida, debemos darnos cuenta de que hay otro grupo de personas que también necesitan de nuestras oraciones.

En Mateo 5:43-45, Jesús nos dice quiénes son esas personas: "Oísteis que fue dicho: 'Amarás a tu prójimo, y aborrecerás a tu enemigo'. Pero yo os digo: Amad a vuestros enemigos, bendecid a los que os maldicen, haced bien a los que os aborrecen, y orad por los que os ultrajan y os persiguen; para que seáis hijos de vuestro Padre que está en los cielos". ¿Orar por los que nos persiguen? ¿Orar por aquellos que persiguen a nuestra familia en Cristo? ¡Sí! Ellos también necesitan el amor, el perdón y la presencia de Dios.

¿Cómo oramos por aquellos que persiguen a la familia de Dios? Las preocupaciones expresadas por nuestros hermanos y hermanas perseguidos en Cristo nos dan un punto de partida:

Necesitan darse cuenta de lo que están haciendo.

Necesitan a Dios.

Necesitan Biblias.

Necesitan seguidores de Jesús que les muestren el amor de Dios.

¿Qué compromiso estamos dispuestos a hacer para apoyar a nuestra familia perseguida y orar fervientemente para que Dios satisfaga estas necesidades de sus perseguidores?

Con mucha razón nos preocupa que la persecución afecte a nuestra familia en Cristo. Pero 2 Timoteo 3:10-13 también describe lo que les sucede a aquellos que persiguen a los seguidores de Jesús: "Pero tú has seguido mi doctrina, conducta, propósito, fe, longanimidad, amor, paciencia, persecuciones, padecimientos, como los que me sobrevinieron en Antioquía, en Iconio, en Listra; persecuciones que he sufrido, y de todas me ha librado el Señor. Y también todos los que quieren vivir piadosamente en Cristo Jesús padecerán persecución; mas los malos hombres y los engañadores irán de mal en peor, engañando y siendo engañados".

Si creemos que ir de mal en peor es el destino de las personas que hacen el mal y no siguen a Jesús, ¿con qué diligencia estamos dispuestos a orar y trabajar por su salvación?

¿Que podría suceder si nosotros, como seguidores de Jesús en Occidente, nos uniéramos a nuestra familia perseguida para orar diligentemente por aquellos que persiguen a los cristianos —para que descubran el amor de Dios por ellos, que se den cuenta de que necesitan desesperadamente Su perdón, y que encuentren una nueva vida en Él?

¿Estamos dispuestos a averiguarlo? ¿Qué pasaría si organizamos una vigilia de oración por los perseguidores de la familia de Dios en todo el mundo? ¿Qué pasaría si designamos un tiempo cada semana para unirnos y orar por la salvación de aquellos que persiguen a nuestra familia en Cristo? ¿Qué es lo que haremos?

Oración de clausura

Pasemos el resto de nuestro tiempo juntos orando para que aquellos que persiguen a los cristianos respondan al amor de Dios y busquen que perdone sus pecados, y que nuestra familia perseguida sea fiel y fructífera en sus esfuerzos por compartir el amor de Cristo con los que los persiguen.

Amado Señor, eres el Dios cuyo amor no tiene medida, cuyo perdón nos libera a todos de la esclavitud del pecado y del mal. Nos unimos para orar por todos los que persiguen a los que siguen a Jesús... [Oraciones del grupo]... Te damos las gracias porque podemos unirnos con nuestra familia perseguida en oración por sus perseguidores para encontrar el perdón y la vida eterna en ti. En el precioso nombre de Jesús oramos, amén.

Perdón

Cómo orar por nuestra familia perseguida

Ora para que los creyentes perseguidos sientan la presencia de Dios. "Sean vuestras costumbres sin avaricia, contentos con lo que tenéis ahora; porque él dijo: No te desampararé, ni te dejaré" (Hebreos 13:5).

Ora para que se sientan conectados con el gran cuerpo de Cristo. "Pero ahora son muchos los miembros, pero el cuerpo es uno solo. De manera que, si un miembro padece, todos los miembros se duelen con él, y si un miembro recibe honra, todos los miembros con él se gozan" (1 Corintios 12:20,26).

Ora para que sean consolados por Dios cuando los miembros de su familia son asesinados, heridos o encarcelados por su testimonio. "Bendito sea el Dios y Padre de nuestro Señor Jesucristo, Padre de misericordias y Dios de toda consolación, el cual nos consuela en todas nuestras tribulaciones, para que podamos también nosotros consolar a los que están en cualquier tribulación, por medio de la consolación con que nosotros somos consolados por Dios. Porque de la manera que abundan en nosotros las aflicciones de Cristo, así abunda también por el mismo Cristo nuestra consolación" (2 Corintios 1:3-5).

Ora para que tengan más oportunidades de compartir el Evangelio. "Orando también al mismo tiempo por nosotros, para que el Señor nos abra puerta para la palabra, a fin de dar a conocer el misterio de Cristo, por el cual también estoy preso" (Colosenses 4:3).

Ora por su valentía para dar a conocer a Cristo. "Y la mayoría de los hermanos, cobrando ánimo en el Señor con mis prisiones, se atreven mucho más a hablar la palabra sin temor" (Filipenses 1:14).

Ora para que perdonen y amen a sus perseguidores. "Pero yo os digo: Amad a vuestros enemigos, bendecid a los que os maldicen, haced bien a los que os aborrecen, y orad por los que os ultrajan y os persiguen" (Mateo 5:44).

Ora para que sus actividades ministeriales no sean detectadas por las autoridades u otras personas que deseen silenciarlos. "En seguida predicaba a Cristo en las sinagogas, diciendo que éste era el Hijo de Dios. Y todos los que le oían estaban atónitos, y decían: ¿No es éste el que asolaba en Jerusalén a los que invocaban este nombre, y a eso vino acá, para llevarlos presos ante los principales sacerdotes? Pero Saulo mucho más se esforzaba, y confundía a los judíos que moraban en Damasco, demostrando que Jesús era el Cristo. Pasados muchos días, los judíos resolvieron en consejo matarle; pero sus asechanzas llegaron a conocimiento de Saulo. Y ellos guardaban las puertas de día y de noche para matarle. Entonces los discípulos, tomándole de noche, le bajaron por el muro, descolgándole en una canasta" (Hechos 9: 20-25).

Ora para que se regocijen en el sufrimiento. "Y ellos salieron de la presencia del concilio, gozosos de haber sido tenidos por dignos de padecer afrenta por causa del Nombre" (Hechos 5:41).

Ora para que sean renovados a través de la Palabra de Dios y crezcan en su fe. "Y tomad el yelmo de la salvación, y la espada del Espíritu, que es la palabra de Dios" (Efesios 6:17).

Ora para que sean fortalecidos a través de las oraciones de otros creyentes. "Pero vosotros, amados, edificándoos sobre vuestra santísima fe, orando en el Espíritu Santo, conservaos en el amor de Dios, esperando la misericordia de nuestro Señor Jesucristo para vida eterna. A algunos que dudan, convencedlos. A otros salvad, arrebatándolos del fuego; y de otros tened misericordia con temor, aborreciendo aun la ropa contaminada por su carne. Y a aquel que es poderoso para guardaros sin caída, y presentaros sin mancha delante de su gloria con gran alegría, al único y sabio Dios, nuestro Salvador, sea gloria y majestad, imperio y potencia, ahora y por todos los siglos. Amén" (Judas versículos 20-25).

Próximos pasos
¿A quién debo perdonar?

Cuando se trata de persecución u otras injusticias que se cometen contra nosotros, tendemos a verlo únicamente desde nuestra perspectiva. Tendemos a pensar que lo que nos está pasando es malo, pero Dios tiene una perspectiva diferente. No importa cuán dolorosas o difíciles puedan ser nuestras circunstancias, Dios sigue trabajando para lograr Su buen plan de redención, incluso a través de las cosas malas que les suceden a quienes lo siguen fielmente.

José, quien salvó a Israel de una gran hambruna, entendió esto. Cuando era un adolescente, sus hermanos mayores, que lo odiaban, lo vendieron como esclavo. Durante décadas, José fue fiel a Dios a través de muchas pruebas tales como acusaciones falsas y encarcelamiento, y finalmente ejerció un puesto de liderazgo en el reino de Faraón. Como siervo de Dios en el dominio del Faraón, José fue responsable de almacenar y distribuir alimentos a Egipto y las áreas vecinas durante los años de la rigurosa hambruna. Mientras cumplía con estas responsabilidades, nuevamente se encontró con sus hermanos. Observa su perdón y concéntrate en el panorama más amplio de lo que Dios quería lograr a través de las injusticias:

> Entonces dijo José a sus hermanos: Acercaos ahora a mí. Y ellos se acercaron. Y él dijo: Yo soy José vuestro hermano, el que vendisteis para Egipto. Ahora, pues, no os entristezcáis, ni os pese de haberme vendido acá; porque para preservación de vida me envió Dios delante de vosotros. Pues ya ha habido dos años de hambre en medio de la tierra, y aún quedan cinco años en los cuales ni habrá arada ni siega. Y Dios me envió delante de vosotros, para preservaros posteridad sobre la tierra, y para daros vida por medio de gran liberación. Así, pues, no me enviasteis acá vosotros, sino Dios (Génesis 45:4-8).

A lo largo de esta serie de videos, hemos visto a nuestra familia cristiana iraquí expresar una perspectiva similar. Están convencidos de que Dios está haciendo algo mayor a su propio sufrimiento, y quieren ser fieles para cumplir su parte en la obra de Dios.

¿Qué has aprendido de ellos acerca de ver desde la perspectiva de Dios cuando eres perseguido y sufres a manos de otros?

¿Cuán importante es nuestra disposición a perdonar en el panorama general de lo que Dios está logrando?

A veces no estamos dispuestos a perdonar porque queremos "justicia" para aquellos que nos han ofendido. ¿Qué nos dice Romanos 12:14,17-20 acerca de buscar justicia?

> Bendecid a los que os persiguen; bendecid, y no maldigáis. No paguéis a nadie mal por mal; procurad lo bueno delante de todos los hombres. Si es posible, en cuanto dependa de vosotros, estad en paz con todos los hombres. No os venguéis vosotros mismos, amados míos, sino dejad lugar a la ira de Dios; porque escrito está: Mía es la venganza, yo pagaré, dice el Señor. Así que, si tu enemigo tuviere hambre, dale de comer; si tuviere sed, dale de beber; pues haciendo esto, ascuas de fuego amontonarás sobre su cabeza.

¿Qué tan importante es el perdón para bendecir a otros, para hacer lo que es honorable y para vivir en paz sin venganza?

¿De qué manera nuestra voluntad de perdonar a nuestros enemigos ejemplifica 1 Pedro 3:9: "no devolviendo mal por mal, ni maldición por maldición, sino por el contrario, bendiciendo, sabiendo que fuisteis llamados para que heredaseis bendición"?

Si estamos comprometidos a seguir a Jesús fielmente, debemos perdonar como Él perdona. Quizás la mayor bendición que podemos dar a alguien que no conoce a Jesús, a alguien que nos persigue porque seguimos a Jesús, es perdonar. El perdón hace avanzar el reino de Dios. Es lo que Dios quiere para nosotros y para aquellos que no lo conocen.

¿A quién te ha puesto Dios para bendecir, ofreciéndole perdón por los errores cometidos contra ti?

¿Perdonarás a esa persona?

Sesión 6

Fidelidad

Así que, hermanos míos amados, estad firmes y constantes, creciendo en la obra del Señor siempre, sabiendo que vuestro trabajo en el Señor no es en vano.

1 Corintios 15:58

Inicio de sesión

Cualquiera que siga a Jesús y lo sirva fielmente pagará un alto precio. No importa si vivimos en una comunidad controlada por extremistas islámicos que expulsan o matan a todos los que siguen a Jesús o en una comunidad donde tenemos el derecho político de practicar nuestra fe pero donde somos relegados sociales si lo hacemos. Jesús sabía que sería así. Sabía que el maligno nos tentaría a dudar de Dios, a temer a nuestras circunstancias, a elegir el camino fácil sobre el difícil y, en última instancia, a negar a Jesús y abandonar nuestro caminar con Él.

No es fácil ser fiel cuando:

- Enseñar acerca de Jesús a nuestra familia, amigos y vecinos puede costarnos la vida.
- Adorar con nuestros hermanos creyentes es una invitación a que los militantes islámicos realicen una masacre masiva.
- Aferrarse a nuestra fe en Jesús y negarse a jurar lealtad a cualquier otro nombre implica el recibir golpizas, violaciones, torturas, encarcelamiento o muerte.
- Defender la verdad de lo que Dios dice en su Palabra conduce al desprecio, al odio y a la exclusión de nuestras comunidades, porque no es políticamente correcto.

Más Dios llama, a todos los que se comprometen a seguirlo, a permanecer fieles a pesar de las fuerzas que se les opongan. En el video de hoy nos encontraremos con seguidores de Jesús que son perseguidos, quienes viven al borde de la supervivencia y le sirven fielmente. Es sorprendente ver su confianza y gozo en la fidelidad de Dios a pesar de que viven en una situación terrible y las fuerzas de ISIS que los expulsaron de sus hogares están a menos de cien kilómetros de distancia. ¿Cómo lo hacen? Ellos caminan fielmente en la fortaleza de su relación con el grande y poderoso Dios que está presente con nosotros, saben que Él hará todo lo que promete y nos recompensará por toda la eternidad. Veamos cómo es que ellos eligen servir a Dios fielmente todos los días mientras se enfocan, confían y descansan en Él.

Fidelidad

Oración

Amado Señor, cuando somos perseguidos por nuestra fe en ti, a veces somos tentados a dudar de tu bondad y a cuestionar tu fidelidad. A veces tenemos miedo de defenderte. Perdónanos por nuestra falta de amor hacia ti y por no confiar en ti. Gracias por ser siempre fiel a nosotros. Por escuchar nuestras oraciones. Por guiarnos por caminos que ni siquiera podemos imaginar. Hoy, durante esta sesión final, muéstranos cómo mantenernos fieles a ti y cómo ser fieles a nuestra familia perseguida para que se den cuenta de que no están solos. En tu nombre oramos, Jesús, amén.

Análisis del video
Notas del video

> El desafío de mantener viva a la gente
> Dios, nuestro Padre, está haciendo milagros
> Perdimos todo, pero encontramos a Jesús
> Permanecemos juntos como uno

Discusión sobre el video

1. Conforme viste la situación de la vida diaria y la fidelidad de tus hermanos y hermanas cristianos desplazados en Irak, ¿qué tocó tu corazón y por qué?

¿Crees que a los cristianos entrevistados en este video les resulta fácil ser fieles a Dios en sus circunstancias actuales? ¿Por qué sí o por qué no?

¿De qué manera su ejemplo de fidelidad contribuye a tu comprensión de lo que significa ser fiel a Cristo?

2. ¿Qué piensas acerca de la milagrosa forma en que Dios protegió a la iglesia de los ataques con bombas?

¿Qué crees que haya descubierto el pastor de la iglesia acerca de la fidelidad de Dios y qué impacto ha tenido en él?

¿De qué manera su entusiasmo por servir fielmente a Cristo te anima a ser fiel?

3. ¿Qué crees que es lo que le permite a una persona decir: "Lo he perdido todo", y aun así estar agradecido por aquello que le llevó a acercarse a Jesús?

4. ¿Qué sobresale en tu mente cuando piensas en la fidelidad de estos cristianos?

5. ¿Qué única cosa quisieras compartir con estos fieles creyentes?

Perspectiva bíblica

En Irak, Siria y muchos otros lugares donde los militantes islámicos han tomado el poder, la fidelidad tiene un alto precio para nuestros hermanos y hermanas en Cristo. Sin embargo, los seguidores de Jesús que enfrentan estas amenazas permanecen fieles. Continúan identificándose con Jesús y persiguiendo su llamado de hacer el bien y de contarles a otros acerca de Él. Podemos ser fieles de esta manera solo cuando nos enfocamos, confiamos y descansamos en Dios. Veamos lo que la Biblia nos enseña acerca de la fidelidad de Dios, quien es nuestro refugio y fortaleza. Veamos cómo podemos animarnos unos a otros a ser fieles a todo lo que Dios nos ha llamado a ser.

1. Después de que Israel había sido infiel a Dios al exigir un rey terrenal, Samuel les instruyó acerca de ser fieles:

> No temáis; vosotros habéis hecho todo este mal; pero con todo eso no os apartéis de en pos de Jehová, sino servidle con todo vuestro corazón. No os apartéis en pos de vanidades que no aprovechan ni libran, porque son vanidades. Pues Jehová no desamparará a su pueblo, por su grande nombre; porque Jehová ha querido haceros pueblo suyo. Así que, lejos sea de mí que peque yo contra Jehová cesando de rogar por vosotros; antes os instruiré en

> el camino bueno y recto. Solamente temed a Jehová y servidle de verdad con todo vuestro corazón, pues considerad cuán grandes cosas ha hecho por vosotros (1 Samuel 12:20-24).

¿Qué partes de la instrucción de Samuel encuentras particularmente útiles para comprender cómo ser fieles en nuestro caminar con Dios?

¿Qué partes de esta instrucción crees que son particularmente útiles para nuestra familia en Cristo perseguida?

¿Cómo podemos servir mejor a nuestros hermanos y hermanas en Cristo y alentarlos a ser fieles en medio de la persecución que soportan?

2. En nuestra cultura occidental, estamos inclinados a pensar que "nosotros" nos hacemos fieles a Dios. Sin embargo, según Gálatas 2:20: "Con Cristo estoy juntamente crucificado, y ya no vivo yo, mas vive Cristo en mí; y lo que ahora vivo en la carne, lo vivo en la fe del Hijo de Dios, el cual me amó y se entregó a sí mismo por mí". Y en el versículo 5:22 continúa: "En cambio, el fruto del Espíritu es amor, gozo, paz, paciencia, amabilidad, bondad, fidelidad". (NTV) ¿Cuál es la perspectiva de la Biblia sobre nuestra fuente de fidelidad y por qué es importante reconocerla?

3. No hay duda de que nuestros hermanos y hermanas perseguidos en Irak (así como en otros lugares) enfrentan grandes riesgos al

Fidelidad

permanecer fieles a Dios y trabajar para hacer avanzar Su reino. 1 Pedro 4:19 les dice a los creyentes cómo enfrentar esos riesgos: "De modo que los que padecen según la voluntad de Dios, encomienden sus almas al fiel Creador, y hagan el bien". ¿Qué seguridad ofrece esto para aquellos que buscan servir a Cristo?

Pedro continúa su consejo para aquellos que desean servir a Cristo fielmente, en 1 Pedro 5:6-10:

> Humillaos, pues, bajo la poderosa mano de Dios, para que él os exalte cuando fuere tiempo; echando toda vuestra ansiedad sobre él, porque él tiene cuidado de vosotros. Sed sobrios, y velad; porque vuestro adversario el diablo, como león rugiente, anda alrededor buscando a quien devorar; al cual resistid firmes en la fe, sabiendo que los mismos padecimientos se van cumpliendo en vuestros hermanos en todo el mundo. Mas el Dios de toda gracia, que nos llamó a su gloria eterna en Jesucristo, después que hayáis padecido un poco de tiempo, él mismo os perfeccione, afirme, fortalezca y establezca.

La Biblia no "endulza" la realidad de servir a Cristo fielmente. ¿Qué esperanza ofrece Dios a quienes arriesgan todo por Él, y qué crees que significa la esperanza para nuestra familia perseguida en Irak a la luz de los desafíos y riesgos que enfrentan al servir a Dios?

4. Pablo explica su motivación para arriesgar todo por su Señor y Salvador en Hechos 20:22-24: "Ahora, he aquí, ligado yo en espíritu, voy a Jerusalén, sin saber lo que allá me ha de acontecer; salvo que el Espíritu Santo por todas las ciudades me da testimonio, diciendo que me esperan prisiones y tribulaciones. Pero de ninguna cosa hago caso, ni estimo preciosa mi vida para mí mismo, con tal que acabe mi carrera con gozo, y el ministerio que recibí del Señor Jesús, para dar testimonio del evangelio de la gracia de Dios".

¿De qué maneras hemos visto que nuestra familia perseguida en Irak vive de acuerdo a esta motivación?

¿De qué maneras se parece, o no, nuestra motivación para servir a Jesús?

¿Cómo se vería en tu comunidad ese compromiso "imparable" para servir a Jesús?

5. Nuestros hermanos y hermanas perseguidos enfrentan dificultades abrumadoras mientras buscan hacer avanzar el reino de Dios, pero Dios no los envía mal preparados a la batalla (ni a nosotros). Lee los siguientes dos pasajes, luego responde las preguntas:

> Gracias doy a mi Dios siempre por vosotros, por la gracia de Dios que os fue dada en Cristo Jesús; porque en todas las cosas fuisteis enriquecidos en él, en toda palabra y en toda ciencia; así como el

Fidelidad

testimonio acerca de Cristo ha sido confirmado en vosotros, de tal manera que nada os falta en ningún don, esperando la manifestación de nuestro Señor Jesucristo; el cual también os confirmará hasta el fin, para que seáis irreprensibles en el día de nuestro Señor Jesucristo. Fiel es Dios, por el cual fuisteis llamados a la comunión con su Hijo Jesucristo nuestro Señor (1 Corintios 1:4-9).

Pero persiste tú en lo que has aprendido y te persuadiste, sabiendo de quién has aprendido; y que desde la niñez has sabido las Sagradas Escrituras, las cuales te pueden hacer sabio para la salvación por la fe que es en Cristo Jesús. Toda la Escritura es inspirada por Dios, y útil para enseñar, para redargüir, para corregir, para instruir en justicia, a fin de que el hombre de Dios sea perfecto, enteramente preparado para toda buena obra (2 Timoteo 3:14-17).

¿Qué seguridad proporciona Dios a aquellos que trabajan fielmente para cumplir Su obra, sin importar cuán desafiantes sean las circunstancias?

¿Qué consuelo y aliento nos proporciona la adecuada preparación y la gracia que Dios nos da cuando buscamos realizar la obra que nos ha encomendado?

6. Somos tentados a pensar que debemos conocer el momento adecuado, contar con recursos adicionales, la reputación correcta o una buena salud para servir a Dios fielmente. Pero 2 Corintios 6:2-10 ofrece una perspectiva muy diferente:

> He aquí ahora el tiempo aceptable; he aquí ahora el día de salvación. No damos a nadie ninguna ocasión de tropiezo, para que nuestro ministerio no sea vituperado; antes bien, nos recomendamos en todo como ministros de Dios, en mucha paciencia, en tribulaciones, en necesidades, en angustias; en azotes, en cárceles, en tumultos, en trabajos, en desvelos, en ayunos; en pureza, en ciencia, en longanimidad, en bondad, en el Espíritu Santo, en amor sincero, en palabra de verdad, en poder de Dios, con armas de justicia a diestra y a siniestra; por honra y por deshonra, por mala fama y por buena fama; como engañadores, pero veraces; como desconocidos, pero bien conocidos; como moribundos, mas he aquí vivimos; como castigados, mas no muertos; como entristecidos, mas siempre gozosos; como pobres, mas enriqueciendo a muchos; como no teniendo nada, mas poseyéndolo todo.

¿Cuándo es el momento adecuado para servir a Dios fielmente, y qué necesitamos para hacerlo?

Fidelidad

Cuando pensamos en nuestra familia perseguida en Irak, a la mayoría de los cuales se les ha quitado todo, o han renunciado a todo lo que tenían para servir diligentemente a Dios, ¿cómo crees que este pasaje los alienta?

"Una vez, el guardia me mostró un paquete de comida. Me dijo que contenía chocolate y otras cosas buenas (de parte de *La Voz de los Mártires*). No me lo dieron, pero fue alentador saber que mis amigos se preocupaban por mí. El hecho significaba más que la comida. En otra ocasión, me dijeron que me habían llegado diez paquetes desde Noruega, pero tampoco me los dieron... es un gran gozo para nosotros experimentar una clara comunión espiritual con los cristianos en diferentes partes del mundo. Esto nos dio esperanza en la cárcel. Quiero enviar una expresión de amor de todos nosotros a aquellos que se han preocupado y han orado por nosotros".

Aida Skripnikova

Nuestra reacción

Como seguidores de Jesús, tenemos el gran privilegio de seguir y servir a Dios no solo individualmente, sino como familia, como el cuerpo de Cristo. De hecho, ser un cristiano fiel no significa hacer un esfuerzo solitario. Dios nos creó para servirle fielmente y para apoyarnos y alentarnos juntos unos a otros para ese fin.

Cada uno de nosotros tenemos un papel importante en ayudarnos unos a otros a permanecer fieles, enfocados en hacer lo que Dios dice que es correcto y recordándonos unos a otros Su fidelidad. Hebreos 10:23-25 describe este estímulo: "Mantengamos firme, sin fluctuar, la profesión de nuestra esperanza, porque fiel es el que prometió. Y considerémonos unos a otros para estimularnos al amor y a las buenas obras; no dejando de congregarnos, como algunos tienen por costumbre, sino exhortándonos; y tanto más, cuanto veis que aquel día se acerca".

Cuando permanecemos fieles inspiramos a otros a permanecer fieles, a centrar sus corazones y mentes en Jesús, a enfrentar las tentaciones, a soportar la persecución, a arriesgar todo para seguirlo. Entonces cada uno debe preguntarse:

¿Estoy dispuesto a permanecer fiel, junto a mi familia en Cristo perseguida en todo el mundo (especialmente en áreas dominadas por extremistas musulmanes), quienes se aferran tenazmente a Dios y confían en Él para poder seguir siendo fieles sin importar el costo?

¿Estoy dispuesto a unirme a mis hermanos y hermanas para ser "n"?

No es poca cosa estar unidos al cuerpo de Cristo en servicio fiel a Dios y en apoyo mutuo. Observa lo que Efesios 2:19-22 dice acerca de la familia de Dios: "Así que ya no sois extranjeros ni advenedizos, sino conciudadanos de los santos, y miembros de la familia de Dios,

Fidelidad

edificados sobre el fundamento de los apóstoles y profetas, siendo la principal piedra del ángulo Jesucristo mismo, en quien todo el edificio, bien coordinado, va creciendo para ser un templo santo en el Señor".

¿Qué es lo que produce nuestra solidaridad con el cuerpo de Cristo, y por qué es esto importante en un mundo plagado de maldad?

Según Filipenses 1:3-6, ¿qué privilegio y esperanza tenemos cuando somos compañeros en la obra de Dios?: "Doy gracias a mi Dios siempre que me acuerdo de vosotros, siempre en todas mis oraciones rogando con gozo por todos vosotros, por vuestra comunión en el evangelio, desde el primer día hasta ahora; estando persuadido de esto, que el que comenzó en vosotros la buena obra, la perfeccionará hasta el día de Jesucristo".

¿Cómo podemos ser compañeros en el Evangelio con nuestros hermanos y hermanas en Cristo perseguidos?

¿Por qué cosas específicas podemos orar y qué podemos hacer para apoyar a nuestros compañeros creyentes?

Oración de clausura

Amado Señor, te agradecemos el tiempo que hemos tenido para venir delante de ti y conocer la persecución que nuestra familia cristiana está experimentando a manos de los extremistas islámicos.

Nos dolemos por ellos en su sufrimiento. Somos bendecidos por su fidelidad. Estamos entusiasmados por la forma en que están cumpliendo tu obra en la tierra. Que seamos compañeros dispuestos y fieles con ellos. Que te representemos con tanta fuerza, de tal manera que también nosotros seamos etiquetados como "n". En el nombre de Jesús oramos, amén.

> "Si eres cristiano, sufrirás. Ese es el Evangelio. Entonces, oren por el hermano y la hermana de todo el mundo, por el sufrimiento en todo el mundo, porque un día los necesitarás, tú necesitas su voz. Sé que ellos orarán por ti cuando llegue el momento".

Un contacto de La Voz de los Mártires

Próximos pasos
Exhortación para permanecer fiel

Hay muchas maneras en que podemos demostrar nuestra fidelidad a Dios y a su llamado para hacer avanzar el Evangelio. Romanos 12:9-21 nos da una buena lista. Al leer estas instrucciones y ejemplos, considera 1) las formas prácticas en que puedes demostrar tu fidelidad a Dios mientras vives tu vida diaria; 2) cómo es que tus hermanos y hermanas en Cristo perseguidos han demostrado su fidelidad en estas áreas; 3) cómo es que la fidelidad mostrada en estas áreas alienta a otros creyentes a permanecer fuertes en el Señor.

Fidelidad

El amor sea sin fingimiento. Aborreced lo malo, seguid lo bueno. Amaos los unos a los otros con amor fraternal; en cuanto a honra, prefiriéndoos los unos a los otros. En lo que requiere diligencia, no perezosos; fervientes en espíritu, sirviendo al Señor; gozosos en la esperanza; sufridos en la tribulación; constantes en la oración; compartiendo para las necesidades de los santos; practicando la hospitalidad. Bendecid a los que os persiguen; bendecid, y no maldigáis. Gozaos con los que se gozan; llorad con los que lloran. Unánimes entre vosotros; no altivos, sino asociándoos con los humildes. No seáis sabios en vuestra propia opinión. No paguéis a nadie mal por mal; procurad lo bueno delante de todos los hombres. Si es posible, en cuanto dependa de vosotros, estad en paz con todos los hombres. No os venguéis vosotros mismos, amados míos, sino dejad lugar a la ira de Dios; porque escrito está: Mía es la venganza, yo pagaré, dice el Señor. Así que, si tu enemigo tuviere hambre, dale de comer; si tuviere sed, dale de beber; pues haciendo esto, ascuas de fuego amontonarás sobre su cabeza. No seas vencido de lo malo, sino vence con el bien el mal.

Cuando Pablo estuvo encadenado, escribió: "las cosas que me han sucedido, han redundado más bien para el progreso del evangelio". Debido a la intrépida fidelidad de Pablo "la mayoría de los hermanos… en el Señor… se atreven mucho más a hablar la palabra sin temor" (Filipenses 1:12,14).

¡Lo que les sucedió a los seguidores de Jesús cuando el apóstol Pablo estuvo encadenado está sucediendo actualmente en todo el mundo! Los extremistas islámicos no están únicamente persiguiendo a los cristianos en Irak y Siria. No es solo ISIS; son Boko Haram, Al-Shabab, los talibanes, los fulani y muchos más. Está sucediendo en Nigeria, Irán, Somalia, Pakistán, Turquía y Filipinas, solo por nombrar algunos. Cuando un cristiano que es perseguido permanece fiel a Dios, afecta a otros seguidores de Jesús. La fidelidad de uno inspira a otros a mantenerse fieles a Dios, a enfocar sus corazones y sus mentes en Jesús, a enfrentar las tentaciones, a soportar la persecución y a arriesgar todo para seguirlo. ¿Los apoyarás?

Nuestra familia perseguida alrededor del mundo

El mapa ubicado en las siguientes páginas muestra los países donde los cristianos son perseguidos por su fe en Jesús. En la mayoría de estos países, la persecución proviene de extremistas islámicos. Lee la muestra de los perfiles de nuestros hermanos y hermanas cristianos que han sido perseguidos por dichos grupos y pregúntate si también serías fiel.

Ora por los perseguidos (una guía para el mapa)

● RESTRINGIDO

Esto incluye a países donde las circunstancias sancionadas por el gobierno o las leyes anticristianas llevan a los cristianos a ser hostigados, encarcelados, asesinados o privados de posesiones o libertades debido a su testimonio. También se incluyen países donde la política o las prácticas del gobierno impiden que los cristianos obtengan Biblias u otra literatura cristiana.

● HOSTIL

Esto incluye naciones o grandes áreas de un país en donde los gobiernos intentan brindar constantemente protección a la población cristiana pero donde los cristianos son perseguidos rutinariamente por familiares, amigos, vecinos o grupos políticos debido a su testimonio.

● MONITOREADO

Estas áreas están siendo vigiladas de cerca por *La Voz de los Mártires* debido a la tendencia cada vez mayor de persecución hacia los cristianos. La frecuencia y la gravedad de la persecución no cumplen actualmente los criterios para considerarse Hostil.

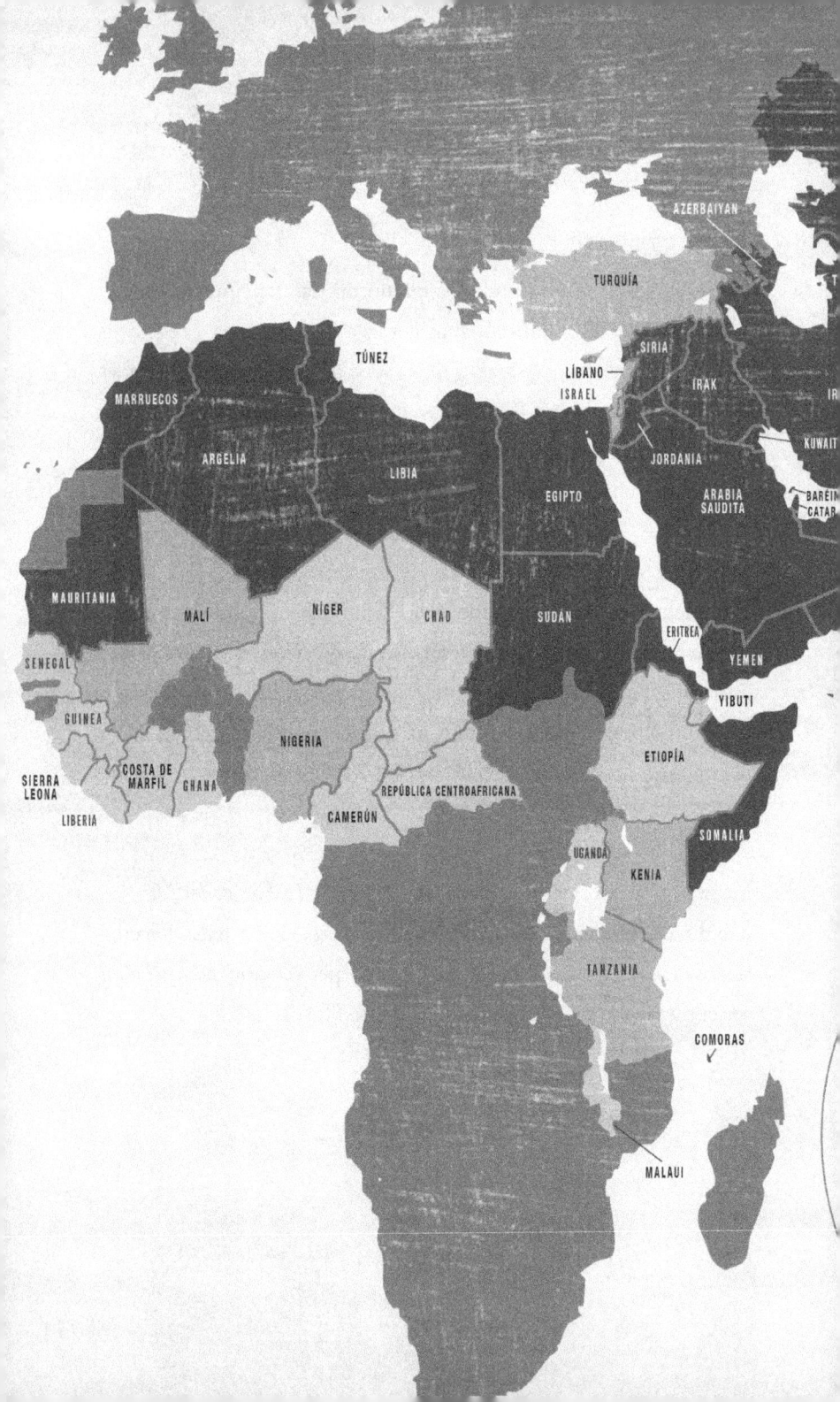

Egipto—Naasir y Hoda

"Felices para siempre" no es algo común entre los seguidores de Jesús en Egipto. Eso no disuadió a Naasir y Hoda. Se enamoraron, se casaron y prometieron hacer todo lo posible para compartir su fe en Cristo con los demás. Pero no sería fácil para ellos.

Los musulmanes a menudo los hostigaban y se burlaban de ellos. Los arrendadores de las casas donde vivían los desalojaban cuando se enteraban de su fe cristiana. Debido a tantos cambios de departamento, sus muebles se destruyeron. No tenían comida. El clima se volvió frío. Dormían en el suelo. Difícilmente la situación se parecía a la vida estable que querían para su pequeño hijo. Pero todo esto lo soportaron alegremente por permanecer fieles a su llamado.

Hoy Naasir es un evangelista que enseña a otros cómo compartir la Palabra de Dios. Hoda encabeza un ministerio en El Cairo para albergar a las mujeres que han sido desalojadas de sus hogares después de convertirse al cristianismo. "Hemos tenido muchas oportunidades de salir de Egipto —dijo Hoda—, pero estamos convencidos de que tenemos que estar en Egipto para cumplir nuestro ministerio aquí".

Nigeria—Danjuma

Temprano en ese terrible día, los disparos sacudieron a Danjuma y lo despertaron. Al igual que los demás en su pequeño pueblo, él corrió por su vida. Pero escapar del ataque de casi mil insurgentes islámicos resultó imposible para el niño de trece años.

Danjuma recuerda muy bien el dolor que provocó un machete cortando el lado izquierdo de su cabeza. Pero afortunadamente no recuerda nada de lo que sucedió después. Ni el machete que golpeó su brazo izquierdo, ni cuando le sacaron un ojo con un cuchillo, ni las constantes torturas. Recuerda vagamente la incredulidad y la emoción de los hombres que habían estado cavando su tumba cuando se dieron cuenta de que ¡todavía estaba vivo! El personal del hospital donde llevaron a Danjuma no podía creer que estuviese vivo. "Él sangró mucho. Es un milagro", dijo el director del hospital.

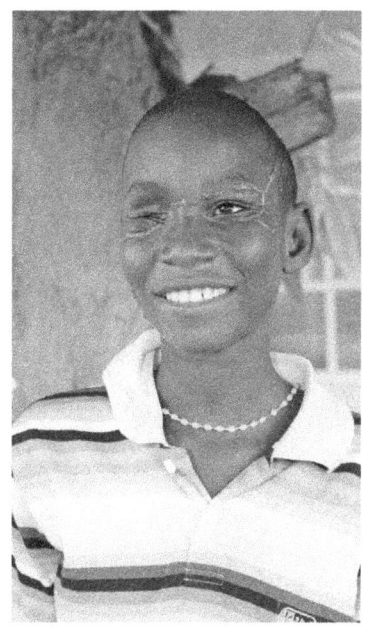

Ahora Danjuma, el niño de la sonrisa pacífica, tiene el sobrenombre de "Milagro", no solo porque sobrevivió, sino porque siente menos pena por sí mismo que por quienes lo mutilaron. "Los perdono porque no saben lo que están haciendo", dijo, repitiendo las palabras que había leído en la Biblia. "Si tuvieran amor, no se hubieran comportado de esa manera".

Ciudad de Gaza—Pauline y Rami

Administrar una librería no parece una ocupación de alto riesgo, a menos que sea una librería cristiana en la ciudad de Gaza, una ciudad de medio millón de personas, dominada por musulmanes en la franja de Gaza. La tienda atendía a tres mil quinientos cristianos palestinos, pero en el territorio de Hamas la fe cristiana es vista como una amenaza. Eso hizo que el trabajo del gerente de la tienda, Rami

Ayyad, fuera peligroso.

Pauline, la esposa de Rami, era una joven madre de dos hijos, con un tercer hijo en camino. Ella sabía que los extremistas islámicos amenazaban la tienda regularmente. La habían bombardeado en dos ocasiones. Pero Rami se mantuvo firme en su convicción de que estaba haciendo lo correcto al trabajar allí. "Jesús es el amor de mi vida —le dijo—, y nunca lo negaré, sin importar lo que pase".

Un día, Pauline recibió una llamada telefónica de Rami, quien le dijo aterrado que tres fundamentalistas islámicos habían entrado en la tienda. Nunca volvió a escuchar la voz de su esposo. A la mañana siguiente, su cuerpo baleado y acuchillado fue encontrado cerca de la tienda.

Pauline sintió como si ella también hubiera sido apuñalada y asesinada a tiros. Su dolor no se marcharía. Por un largo tiempo, ella decía: "odio a los musulmanes, los odio a todos". Pero a medida que recibió apoyo, aliento y oración de parte de los seguidores de Jesús en todo el mundo, ella comenzó un largo viaje hacia el perdón. Años después de la muerte de Rami, ella se dio cuenta de la verdad que cambió su vida: ¡los musulmanes que habían matado a su esposo eran los mismos que ella y otros cristianos necesitaban alcanzar para Jesús!

Filipinas—Armando y Ruth

Armando, Ruth y sus tres hijos corrieron en medio de la oscuridad. Se acurrucaron juntos en el único lugar que podía ocultarlos, debajo de un puente en aguas poco profundas donde había serpientes venenosas. Asustados, los niños lloraban. "Deben permanecer callados, muy, muy callados", les susurraba Ruth.

Por las siguientes ocho horas, la pareja animó en susurros a sus hijos y oró por protección para su familia y ministerio. Hasta esa noche, su aldea no había sido atacada por los combatientes islamistas activos en la isla de Mindanao. A la mañana siguiente, salieron a gatas de su escondite, reunieron apresuradamente algunas pertenencias y desaparecieron en la selva con otros aldeanos que sobrevivieron al ataque. Sabían que el anochecer traería más combates.

Durante varias semanas, acamparon en la selva oscura llena de bambú, helechos y plátanos. Por los siguientes cinco años, los rebeldes estuvieron tan cerca del pueblo que los residentes crearon una nueva rutina: se quedaban en el pueblo durante el día para cuidar del ganado y los huertos, y por la noche se iban a dormir en carpas improvisadas escondidas en la jungla.

A pesar de todas las dificultades y riesgos, Ruth y Armando se quedaron para criar a sus hijos y para permanecer fieles al trabajo que Dios tenía para ellos. "Hay un gran trabajo en este lugar —dijo Ruth—, seguiremos sirviendo al Señor a pesar de experimentar este tipo de persecución. Todas estas cosas nos están sucediendo, pero Dios sigue siendo grandioso... Dios nos ha llamado a servir aquí. Si hemos de morir, moriremos".

Irán—Hussein

A los diecisiete años, Hussein era un adicto a las drogas, pero tenía hambre de algo más. Encontró lo que estaba buscando cuando entregó su vida a Jesús. Su deseo por las drogas se desvaneció. Su vida pasó de no tener esperanza a estar llena de ella, él pasó de estar perdido a salvado, y de la muerte a la vida.

Pero en Irán, estos cambios hicieron que algunas personas quisieran apagar su esperanza en Jesús. El padre musulmán de Hussein no sólo lo denunció a las autoridades con la esperanza de que arrestaran a su hijo "apóstata", sino que además prometió "ser quien le pusiera la soga al cuello" si decidían colgar a Hussein.

Hussein fue arrestado, pero no ahorcado. Fue entregado a los guardias de la prisión quienes llevaron a cabo su propia justicia.

Fidelidad

Hussein quiso mantenerse firme en Jesús, por lo cual le rompieron una de sus piernas. Hussein quiso alabar a Dios con música, entonces le rompieron cada uno de sus dedos. Hussein quiso inclinarse ante Cristo con humildad y le abrieron la espalda dándole cuarenta latigazos.

Con cada sacrificio que ofreció —su pierna, sus manos, su espalda— continuó honrando a Dios y contándole a los demás sobre Él. A pesar de su sufrimiento, escribió: "Ninguno de estos castigos me molestó, aunque lamento que ahora no puedo tocar música para el Señor".

¿Cómo apoyarás a los hombres, mujeres y niños que se aferran tenazmente a la esperanza de que Dios les dará las herramientas para permanecer fieles a pesar del mal que se les ha hecho?

¿Los apoyarás en oración? ¿Ayudarás a satisfacer sus necesidades? ¿Compartirás sus historias con otras personas, tal vez dirigiendo un estudio "*Yo soy n*" en tu iglesia o en tu comunidad?

La declaración de compromiso al final de este libro te ayudará a conectarte con formas prácticas que animen a tu familia en Cristo a permanecer fiel.

No permitiremos que nuestros hermanos y hermanas sufran en silencio, ni los dejaremos servir solos.

Oración de compromiso *Yo soy n*

Padre Celestial:

He sido inspirado por mis hermanos y hermanas cristianos perseguidos, y te pido que me prepares para dar pasos activos y que pueda crecer en:

SACRIFICIO. Consideraré el costo del discipulado y pagaré gustosamente el precio porque Tú lo vales.

VALENTÍA. El miedo no me paralizará porque me empoderas cuando tomo riesgos para testificar por ti.

GOZO. Me regocijaré en medio de mis luchas y sufrimientos en este mundo por la esperanza eterna que tengo en ti.

PERSEVERANCIA. Me mantendré firme, resistiendo cualquier oposición. Por tu fuerza resistiré y venceré.

PERDÓN. Te permitiré trabajar en mi corazón mientras te obedezco al amar a mis enemigos y perdonando a los demás como me has perdonado.

FIDELIDAD. No permitiré que la adversidad me haga ser infiel a tu Palabra o desobediente a tus propósitos.

Señor, ayúdame a tener en cuenta a mi familia en Cristo para que nunca deje que mis hermanos y hermanas cristianos sufran en silencio, o que sirvan solos. Permitiré que sus testimonios me inspiren a seguirte. *Yo soy n.*

_____   _____
Nombre   Fecha

www.ingramcontent.com/pod-product-compliance
Lightning Source LLC
Chambersburg PA
CBHW031449040426
42444CB00007B/1029